OUTLIERS

THE STORY OF SUCCESS

MALCOLM
GLADWELL

麥爾坎·葛拉威爾——著　　廖月娟——譯

異數

超凡與平凡的界線在哪裡？

目錄

OUTLIERS

ACCLAIM

各界推薦

葛拉威爾徹底改變了傳統智慧……在同時代的作家中鶴立雞群……他的天分是從社會科學研究的瓦礫堆裡發現閃耀的珍寶，再熟練地寫進細膩的文字中。

——發展心理學家、多元智能理論之父　霍華德・嘉納 Howard Gardner

真知灼見……如果有夠多人閱讀並思考本書裡的議題，或許有助於扭轉目前人們對教育與人生的負面態度。

——經濟學家、史丹福大學胡佛研究中心（Hoover Institution）資深研究員　湯瑪斯・蘇威爾 Thomas Sowell

葛拉威爾有種稀有的能力：他能將學術研究轉化為引人入勝的寓言，以真實人物作為主角……《異數》運用精彩的心理學與社會學知識，是一本精彩動人、文筆優美的著作。

——普林斯頓大學歷史系教授　史蒂芬・科特金 Stephen Kotkin

一本重要的書……葛拉威爾十分聰明地捕捉思潮的大方向——越來越多人注意到文化模式、社會傳染、瀰因的強大力量……葛拉威爾的社會決定論，有效地糾正了經濟導向的人類觀。

——《社會性動物》（*The Social Animal*）作者　大衛・布魯克斯 David Brooks

本書的觀點十分令人信服，也包含一個重要訊息——越了解成功的要素是什麼，我們應該就能製造更多成功（而且快樂）的人。

——《經濟學人》（*Economist*）

葛拉威爾的論點值得深思。

——《商業週刊》（*Business Week*）

這是一本給眾多讀者的絕佳好書。

——《Booklist》書評

這是一本激發思想的書……葛拉威爾涉獵廣闊、敘事豐富、永遠充滿可讀性……書中多樣的資訊與人物，引人入勝。

——《新科學人》（*New Scientist*）

葛拉威爾再次成功證明，他在自己開創的領域中仍是箇中高手——本書說明日常現象背後的祕密模式……葛拉威爾破除個人能力的迷思，探討文化、環境、時機、出身、運氣如何造就成功——同時，有些人雖然天賦洋溢，卻被歷史背景限制。即使我們知道這些故事的結局是什麼，但葛拉威爾重現了這些故事裡的張力與驚奇，讓它們既新鮮又令人驚喜。

——《出版者週刊》（*Publishers Weekly*）

在非小說寫作的廣大世界裡，葛拉威爾大概是當今最獨一無二的作家……《異數》是一本讀來令人愉快的好書，它充滿創意的理論會讓你在讀後好幾天都思索不已……本書代表葛拉威爾著作中一種全新的類別……它幾乎可說是一本宣言。

——《紐約時報書評》（*New York Times Book Review*）／大衛・里昂哈德 David Leonhardt

葛拉威爾的論理直擊重心……他用充滿熱情的筆調，強調必須超越周遭條件或環境的限制，培養偉大的人物。

——《華爾街日報》（*The Wall Street Journal*）／大衛・夏維茲 David A. Shaywitz

當今沒有其他作家能如此完美地寫出這樣的作品。要不是我剛剛讀過葛拉威爾的書，我會嫉妒他的才能，而不是他的好運氣。

——《新聞周刊》（*Newsweek*）／傑瑞・艾德勒 Jerry Adler

《異數》應該是葛拉威爾截至目前最重要的一本書……他給了讀者一種觀察世界的新視野。

——《自然雜誌》（*Nature Magazine*）／麥可・邦德 Michael Bond

就在你讀這段話的期間，《異數》可以賣出億萬本。有成千上萬的商學院學生與企業執行高層閱讀本書，希望葛拉威爾能為他們解析人類難以理解的行為；同時，《異數》的目標讀者群也很可能是心急如焚的美國父母們。

——《GQ》／喬・羅威爾 Joel Lovell

葛拉威爾令人難以抗拒……《異數》針對某些人為何成功，提供了精彩絕倫的觀點。

——《波士頓環球報》（*Boston Globe*）／瑞貝卡．史坦妮茲 Rebecca Steinitz

葛拉威爾知道如何交織軼事趣聞與訪談，將枯燥的社會學與心理學研究化為精彩故事，闡述他如何激發人類潛能的理論。

——《今日美國》（*USA Today*）／蜜雪兒．艾區爾 Michelle Archer

勇敢直率、鼓舞人心……本書討論成功的樣貌，既激發思想又切身實用。

——《舊金山紀事報》（*San Francisco Chronicle*）／喬納．睿許金 Jonah Raskin

教育者、雇主與父母的必看讀物……《異數》本身就是葛拉威爾的一萬個小時之見證。

——《星期日泰晤士報》（*Sunday Times*）／瓊安．麥尼爾 Joanne McNeil

《異數》的娛樂性破表，可說是葛拉威爾寫作生涯以來最優秀也最有助益的著作……書裡不但有精彩故事，也有人生教訓：《異數》揉合了科學、自我成長、娛樂性於一書。

——《娛樂周刊》(*Entertainment Weekly*)／格雷戈里・科斯克林 Gregory Kirschling

葛拉威爾永不停止讓我們認識自己。這次，他智慧的探測杖指向一個常見但神秘的文化現象——非凡者的人生，他們的成功故事是許多人夢寐以求的。葛拉威爾好奇，這些非凡者做了什麼與其他人不同的事？從軟體界億萬富翁到專業運動員，葛拉威爾透過獨特的反直覺邏輯，解釋為什麼成功者生活習慣的重要性不如出生成長的地點、時間與教養方式……一如往常，他的真知灼見，既讓人感到安慰，也讓人不安。

——《浮華世界》(*Vanity Fair*)／艾莉莎・史查博 Elissa Schappell

今年讀的書裡，沒有一本書像本書一樣，融合了獨特的散文風格與真正發人深省的內容。葛拉威爾的文筆華麗，但同時又保有連《英文寫作風格的要素》（*The Elements of Style*）兩位作者都會忍不住推崇的清晰與直接。

——《亞特蘭大憲章報》（*Atlanta Journal Constitution*）

這是本引人入勝、精彩絕倫的書，揭露成功背後鮮為人知的力量。

——《克利夫蘭公論報》（*ClevelandPlainDealer*）／

詹姆斯・斯威尼James F.Sweeney

這是一本激發思想、精彩有趣的書，而且有無可抵擋的爭議性……《異數》是葛拉威爾這位靈巧的社會觀察家又一部成功作品。

——《基督科學箴言報》（*Christian Science Monitor*）／

海樂・麥愛萍Heller McAlpin

葛拉威爾的作品向來淺顯易懂、引人入勝，他的觀點——充滿科學結晶、研究精神——精采絕倫。

——《水牛城新聞》（*Buffalo News*）／瑪格麗特．蘇麗文 Margaret Sullivan

這是一本深具洞見的書……任何人若想了解成就背後的心理學，這是必備讀物。

——《亞特蘭大商業紀事報》（*Atlanta Business Chronicle*）／
康妮．葛拉瑟 Connie Glaser

這是一本易讀有趣的書……對大眾讀者來說，葛拉威爾成功實踐了我們眼中的社會科學新思潮——社會學、經濟學、心理學、歷史……葛拉威爾描寫的成功故事鼓舞人心，無論是曲棍球員、電腦天才、企業律師或創業者，他精準地描寫每個成功故事。

——《費城詢問報》（*Philadelphia Inquirer*）／
克里斯賓．沙特威爾 Crispin Sartwell

在《異數》中，葛拉威爾再次完成任務：將枯燥的學術題目變成令人愉快、近乎輕鬆的論述，聚焦於傑出人物上……葛拉威爾透過一貫的優秀文筆，以精細而生動的細節一一說明。

——《路易威爾信使報》（*Louisville Courier-Journal*）／史考特·柯夫曼Scott Coffman

我喜歡葛拉威爾激發我思考的方式……他以對大眾社會學的獨特見解和一連串有趣的人生故事提醒讀者，機運對成功的重要性不亞於毅力和頭腦。

——《巴爾的摩太陽報》（*Baltimore Sun*）／蘇珊·瑞米爾Susan Reimer

《異數》是一本引發思考、激勵人心的書，它有清晰的文字和深刻的智慧，讀來十分愉快。

——《波特蘭奧勒岡人》（*Portland Oregonian*）／約翰·史特讓John Strawn

PREFACE

前言　羅塞多之謎

這裡的人都很長壽，就是這樣。

羅塞多．瓦佛多爾（Roseto Valfortore）是義大利福賈（Foggia）省亞平寧山麓的一個小鎮，在羅馬東南方一百六十公里處。這個小鎮仍保有中世紀村莊風格，所有的建築都圍繞著中央大廣場。面對廣場的是馬其薩雷府（Palazzo Marchesale），即大地主沙吉斯家族（Saggese family）擁有的宮殿。宮殿旁有條拱道通往聖衣聖母院（Madonna del Carmine）。沿著狹窄的石梯拾級而上，兩旁都是櫛比鱗次的石屋，樓高兩層，屋頂全是紅磚鋪就。

幾百年來，羅塞多的鄉民都在附近山麓的大理石採石場工作，或者在下面山谷的梯田耕種。破曉時分，步行個六、七公里下山幹活，夜幕低垂再踏上長長的歸途。如此辛勤打拚，頂多只能圖個溫飽，遑論讀書識字。大夥兒都窮，不敢奢望飛黃騰達、錦衣玉食。然而，到了十九世紀末，這裡的人聽說了，在海洋的另一頭就是機會的夢土。

一八八二年一月，十一個羅塞多人，包括十個成年男子和一名男孩，揚帆航向紐約。他們踏上美洲大陸的第一個晚上，就在曼哈頓（Manhattan）小義大利（Little Italy）桑樹街（Mulberry Street）的旅館打地鋪。然後西行，最後在紐約西邊一百四十多公里、賓州班格鎮（Bangor）附近的採石場找到工作。翌年，十五個羅塞多人離鄉背井到美國打天下，有幾個也來到班格鎮的採石場。這些移民把新大陸遍地是黃金的福音傳回家鄉，不久一群又一群羅塞多人也揹著行囊，飄洋過海來到賓州，形成一股移民潮。光是一八九四年，就有一千兩百個羅塞多人申請護照前往美國。大家都遠走高飛，羅塞多於是成了死寂的村落。

羅塞多人在異鄉打拚有成，小有積蓄之後，就在班格鎮附近的石丘上買地，經由陡峭的小路出入。他們在狹窄的道路兩旁蓋了和老家一樣的兩層樓石屋，用石板做屋頂。他們也在這裡蓋了座聖衣聖母院。這裡最主要的街道就叫加里波底街，以紀念統一義大利的傳奇民族英雄朱瑟佩．加里波底（Giuseppe Garibaldi, 1807-1882）。起先，他們叫這個城鎮新義大利，不久就決定改名為羅塞多，以表思鄉之情。

一八九六年，一名年輕有勁的神父帕斯奎爾．德．尼斯可（Father Pasquale de Nisco）來到聖衣聖母院服務。他在此地組織宗教社團並籌畫祭典。他鼓勵這裡的居民整地，在自家房子後院種植洋蔥、豆子、馬鈴薯、甜瓜、果樹等。他分給大家種子和球莖。這個城鎮日益欣欣向榮。羅塞多人還在後院養豬，也有人種植葡萄釀酒。他們還在此地修建學校、公園、修道院和公墓。加里波底街兩旁出現了一間間的小店、糕餅鋪、餐廳和酒吧，後來還冒出十幾家成衣廠。附近的班格鎮幾乎是威爾斯人和英格蘭人的地盤，再過去的一個城鎮則大抵是德國人的大本營。在那個時代，來自英國、德國、義大利的移民壁壘分明，在賓州羅塞多這個小鎮則清一色是來自羅塞多的移民。一九〇〇之後的幾十年，如果你在賓州羅塞多的大街小巷裡穿梭，你只聽得到義大利語，不過不是任何義大利方言，而是義大利羅塞多居民說的福賈南部方言。賓州的羅塞多就像一個自給自足、不為外界所知的桃花源，直到史都華．伍爾夫（Stewart Wolf）來到這裡，這個小城才聲名大噪。

伍爾夫是醫師，是消化和腸胃專家，任教於奧克拉荷馬大學醫學院。他曾在賓州離羅塞多不遠的一個農場過暑假。當時，羅塞多還是個與世隔絕之地，你可能住在鄰近城鎮，卻對這個地方一無所知。伍爾夫在幾年後接受訪問時說道：「那時是一九五〇年代末，有一年夏天，我受邀到賓州的醫學社團演講。演講完了之後，當地有位醫師請我喝杯啤酒。我們一邊暢飲，一邊閒聊。他說：『我在這裡看病看了十七年，病人來自各個地方，但我發現一件奇事：在羅塞多六十五歲以下得心臟病的人幾乎是零。』」

伍爾夫嚇了一跳。此時是一九五〇年代，能降低膽固醇的藥物尚未問世，也沒有預防心臟病的積極方法。心臟病在美國就像傳染病一樣，是六十五歲男性的主要死因。根據常識，沒看過心臟病的病人，就不是醫生。

伍爾夫決定好好調查一番。他請奧克拉荷馬的學生和同事來幫忙。他們在羅塞多蒐集死亡證明書，盡可能涵蓋幾十年來的資料，分析居民的病歷紀錄，記錄病史並建立各個家族的系譜。伍爾夫說：「我們在一九六一年開始進行初步研究，要做的事很多。鎮長見我們忙不過來，就說：『我請我的姊妹都來幫忙吧。』他有四姊妹。他還說，我們可以利用他們的議事廳。我說：『那多不好意思。這樣你們要去哪裡開會呢？』他說：『沒關係，會議可以延後。』他的姊妹為我們送來餐點。我們為當地居民抽血檢查、做心電圖，整整做了一個月。我發現地方還是不夠大，於是跟鎮長商量。那時學校還在放暑假，因此可以借給我們使用。我們就請羅塞多的每個居民都前來接受檢查。」

伍爾夫的調查結果令人驚異：在羅塞多，五十五歲以下的居民沒有人死於心臟病，連一丁點心臟病的徵兆也沒有。六十五歲以上的，心臟病造成的死亡率大約是全美國居民的一半。在羅塞多，各種死因造成的死亡率，也比預期少三〇%至三五%。

伍爾夫又請奧克拉荷馬的一位友人約翰．布魯恩（John Bruhn）來助他一臂之力。布魯恩是社會學家，他回憶說：「我雇用醫學生和社會學研究生來羅塞多做問卷調查。我們挨家挨戶地訪查所有二十一歲以上的居民。」提到這段發生在五十年前的陳年往事，布魯恩的語氣仍然流露著驚奇。「這裡沒有人自殺，也沒有人酗酒或吸毒，犯罪率極低，甚至無人領取社會救濟金。我們想，那消化性潰瘍的人呢？也沒有。這裡的人都很長壽，就是這樣。」

伍爾夫等人認為，羅塞多這個地方具有某種特質，不是日常經驗可以解讀，也不符常理，實在是很與眾不同。

閒話家常和三代同堂的神奇

伍爾夫起初以為，羅塞多居民可能是依循歐陸的飲食方式，比較健康，和一般美國人吃的大不相同。但他很快就推翻了這個想法。其實，美國的羅塞多人很喜歡用動物油脂，不像義大利的羅塞多人，多使用比較有益健康的橄欖油。義大利披薩餅皮薄，只用一點點鹽巴和油，或許上面再加些番茄、鯷魚或洋蔥。賓州羅塞多的披薩餅皮都是厚的，上頭鋪滿了香腸、辣味臘腸、蒜味臘腸、火腿，有時還會加上雞蛋。義大利人只有在耶誕節和復活節，吃杏仁脆餅和麵包圈這樣的甜點；賓州的羅塞多人卻一年到頭都在吃。伍爾夫請營養師分析一般羅塞多人的飲食習慣，發現他們攝取的卡洛里有四成一來自脂肪。這裡的人也沒有清早做瑜伽或慢跑十公里的習慣，更有甚者，多得是老菸槍，身上一大圈肥油的更不在少數。

飲食和運動習慣無法解釋羅塞多人健康長壽之謎，那麼遺傳基因呢？伍爾夫發現，賓州羅塞多人都來自義大利同一個地區，關係緊密，令人不由得猜想他們身上的基因是否有特異之處，因此免於疾病的侵犯。他開始針對居住在美國其他地方的羅塞多人進行追蹤，看他們的體質是否像賓州的同鄉一樣。結果並不是。伍爾夫繼而考慮到羅塞多人居住的地區。賓州東部羅塞多人住的這片山丘，是否特別有助於延年益壽？與羅塞多相鄰的班格鎮，和距離只有幾公里的納札瑞斯（Nazareth），這兩個小鎮面積都和羅塞多差不多，居民同樣是勤奮工作的歐洲移民。伍爾夫爬梳班格與納札瑞斯這兩個城鎮居民的病歷資料，發現六十五歲以上的男性死於心臟病的人數，是羅塞多的三倍。伍爾夫的調查研究又走到死胡同。

伍爾夫最後才恍然大悟。羅塞多居民長壽之謎底不在飲食，也不在運動、基因和居住地點，應該和羅塞多人本身的特質有關。伍爾夫和布魯恩在這個小城四處走走、仔細觀察，終於找到答案。

羅塞多的居民來往頻繁，在街上見面都會停下腳步用義大利文閒聊幾句，也常在後院煮東西和左鄰右舍分享。這個小城的社會結構緊密，幾乎都是幾個宗族的延伸，人人皆是親友；很多人家都是三代同堂，祖父母輩都受到兒孫的敬重。居民都去聖衣聖母院望彌撒，宗教不但使他們的心靈得到安寧，也使他們親如一家。伍爾夫和布魯恩仔細計數當地的民間社團組織，發現這裡的人口不到二千人，卻有二十二個社團。這個小城尤其崇尚人人平等，富人不會炫耀自己的財富，而且樂於幫助貧苦的人。

羅塞多人把義大利南部鄉民文化移植到賓州東部山城的同時，也開創出強大、穩固的社會結構，因此可以抵禦現代社會生活的壓力。賓州羅塞多人健康、長壽，不只因為他們來自義大利的羅塞多，也因為他們創造了屬於自己的世界，在此守望相助、安居樂業。

布魯恩說：「我記得第一次去羅塞多的時候，看到很多人家都三代坐在同一張餐桌上用餐或吃糕餅。這裡的人在街上碰面都會寒暄幾句，或是坐在前廊閒話家常。這裡的男人在採石場上工，女人則在成衣廠工作。我彷彿看到世外桃源！」

我們可以想見，伍爾夫和布魯恩首次發表他們的羅塞多調查研究報告時，同行必然嗤之以鼻。在醫學會議提出的報告都有一長串的數據相佐，再加上複雜的圖表，指出影響健康的基因或生理過程為何，伍爾夫和布魯恩說的卻是閒話家常和三代同堂的神奇。其實，長壽和傳統智慧有很大一部分和我們是誰有關，換句話說，這也是基因注定的。我們的種種選擇，例如吃什麼東西、有無運動習慣等，以及是否能得到醫療體系的良好照顧，都關係到我們的健康，然而很少人探討社群生活對健康的影響。

伍爾夫和布魯恩企圖使醫學院從一個新的角度來看健康與心臟病的問題：光從個人做的選擇或做了些什麼還不夠，一定要跳脫個人生活的範圍，從文化與社群生活等大處著眼，看一個人與親戚朋友的互動，看他們家鄉在何處，具有什麼樣的價值觀。一個人會變得如何，周遭的人其實也有很大的影響力。

羅塞多人健康長壽之謎就是本書寫作靈感。我也希望能像伍爾夫一樣，從一些偏離常態的現象來洞識成功的祕密。

PART 1 機會

OPPORTUNITY

CHAPTER 1

好上加好的馬太效應

因為凡有的，還要加給他，叫他有餘。沒有的，連他所有的，也要奪過來。

——馬太福音 25：29

二〇〇七年五月，一個和煦的春日，加拿大亞伯達省麥迪森哈特市（Medicine Hat）的老虎隊與溫哥華的巨人隊，在溫哥華為冰上曲棍球紀念盃冠軍爭霸賽，展開龍爭虎鬥。老虎隊和巨人隊，不但是加拿大曲棍球聯盟最強勁的兩支隊伍，也是世界青少年曲棍球聯盟當中的佼佼者。這些未來的運動明星，都在十七到十九歲之間，幾乎還在搖搖學步之時，就已穿著冰刀，在冰上追著小小的黑色橡膠圓盤，跑來跑去，練習射門。

加拿大全國電視台轉播了這場比賽。比賽旗幟在溫哥華市區大街小巷的路燈桿上飄揚著，門票早就銷售一空。冰場上鋪了紅地毯，主持人宣布當天出席的貴賓。第一位是卑詩省省長坎貝爾（Gordon Campbell），然後是六度蟬聯「國家曲棍球聯盟」得分王的高迪．郝威（Gordie Howe）。當麥克風響起：「讓我們歡迎曲棍球先生！」現場立刻掌聲雷動。

接下來的六十分鐘，兩隊隨即展開殊死戰。

第二局開始不久，溫哥華巨人隊的瑪利歐．布利茲納克（Mario Bliznak），以一記反彈球先馳得點。第二局結束前，麥迪森哈特老虎隊的神射手達倫．韓穆（Darren Helm），以迅雷不及掩耳之姿，突破巨人隊守門員泰森．薩克史密斯（Tyson Sexsmith）的防衛，射門得分。第三局，溫哥華扳回一城，拿下關鍵的一分。之後，溫哥華再度展開凌厲的攻擊，麥迪森哈特隊守門員亂了陣腳，沒能守住，讓溫哥華再拿下一分，終場溫哥華就以三比一獲勝。

比賽結束後，巨人隊的球員和他們的家人，以及來自全國的體育記者，在更衣室裡擠成一團。空氣中瀰漫著雪茄、香檳的氣味，還有球衣的汗臭味。牆上掛著一面手繪橫幅，上頭寫著，「愈戰愈勇」。巨人隊教練唐恩．海伊（Don Hay）被人群團團包圍，他激動得淚眼矇矓：「我以這些小子為榮，沒有一個不是卯足了勁、全力以赴。」

能加入加拿大曲棍球隊的都是頂尖好手。他們從幼稚園開始，就拿著球棍在冰場上奔馳，和其他幾千個兒童依年齡分組，參加各個分級賽，接受篩選和評量。只有天生好手才能過關斬將，脫穎而出。到了青少年時期，佼佼者就可以加入加拿大青少年冰上曲棍球大聯盟A組。能角逐紀念盃的隊伍，都是菁英中的菁英。

其他運動賽事也是這樣挑選人才，如歐洲和南美的足球隊和各國的奧運代表隊。古典樂界和芭蕾舞團，也差不多是用同樣的方式，發掘明日之星。未來的科學家和學者，很多也是透過這樣的菁英教育體系，一步步出人頭地。

加拿大明星曲棍球隊員的資格，不是可以用錢買來的。

你的父母、祖父母再怎麼顯貴，家族企業再怎麼龐大，球打得不好，就是進不去。儘管你住在加拿大最偏遠的角落，只要你有能力，球探的慧眼還是看得到你。要是你有天分，再加上願意苦練，就能高人一等。是不是能當曲棍球明星，完全看你個人的成績、能力和表現，其他的都不相干。

靠自己本事？

本書要探討的是，在這個社會上表現特出的人士，及其成功的祕密，包括各個領域的天才、企業家、搖滾明星和電腦軟體工程師等。為什麼有的律師百戰百勝？為什麼有的飛行員就是有化解危機的本領？何以亞洲人的數學能力那麼特出？在檢視這些成功者的技能、天分和動機之外，我也將指出，成功和你想的不一樣。我們對成功的觀念，有些根本就是錯誤的。

一聽到成功的故事，我們總是想知道那些成功的人，有什麼樣的人格特質、他們有多聰明、具有何種特殊能力，或是有何與眾不同的生活方式。我們認為成功與個人特質，息息相關。

每年百萬富翁、企業家、搖滾明星，或是名流出版的自傳汗牛充棟，故事主線幾乎千篇一律：作者出身貧寒，靠著自己的膽識和才華，最後揚名立萬。聖經故事中的約瑟夫，被哥哥出賣，變成奴隸，不正是憑藉自己的聰明才智，才為法老重用，衣錦還鄉。小說家何瑞修．艾爾傑（Horatio Alger, 1832-1899），在十九世紀寫了很多小說，描述窮小子如何勤奮向上、冒險進取，加上命運之神的眷顧，終於躋身巨富名流。傑博．布希（John Ellis "Jeb" Bush，曾任佛羅里達州州長）大可高唱：「哥哥爸爸真偉大。」他的爸爸是美國第四十一任總統喬治．布希，哥哥則是剛於二〇〇九年一月卸任的總統小布希，爺爺曾在華爾街呼風喚雨，此君競選佛羅里達州州長的時候，卻一再強調他向來「靠自己的本事」。可見，我們總是認為成功是個人努力的成果。

多年前，溫索普（Robert Winthrop, 1809-1894）為美國獨立革命領導人富蘭克林（Benjamin Franklin,1706-1790）的雕像揭幕時說道：「各位，請抬起頭來，看看這位偉大的英雄。他出身微寒，沒有傲人的家世、沒有貴人提攜，也不像我們有這樣的教育機會，還是靠著自己的雙手，勤勞苦幹，最後與將相公侯平起平坐，流芳萬世。」

其實，成功不是那麼簡單，不是個人埋頭苦幹就能搞定的。成功不是無中生有的，和家世背景，以及有沒有貴人相助大有關係。今天很多功成名就的人，表面看來，似乎是自己打拚來的；然而隱藏在他們背後的優勢、機會和文化遺產，也不可小覷。這就是他們為何努力學習、勤奮工作，為什麼擁有與眾不同的世界觀。我們成長的地方和年代，其實和我們的成敗大有關係。如果沒有祖先遺留下來的文化，我們無可想像會有今日的成就。成功者的個人特質固然重要，還是不足以解釋一個人為何成功，我們還要問成功者的出身，才能解開成敗之謎。

生物學家通常會提到，一個生物體成長的生態條件。例如，森林裡最高的一棵橡樹，不只是生命力最強韌的橡實長出來的，會長這麼高還因為能夠享受充足的陽光，不被其他樹木阻擋，生長地的土壤既深厚又肥沃，樹幹沒遭到兔子啃咬，而且在長成大樹之前，幸好沒被伐木工人砍下來。我們都知道成功者與生俱來就比較堅強，就像很有生命力的種子。但是我們知道他生長的環境嗎？如果他是一棵樹，日照、土壤如何？有沒有遭到害蟲侵蝕或兔子啃咬？如何避免在未長成之前就被砍下來的命運？本書要講的不是大樹，而是森林。世界一流的曲棍球隊，就是非常好的起點。如何進入這樣的球隊，在這個領域嶄露頭角，比我們想像的要來得有趣、複雜。我們還可從中發現一些極其特殊之處。

生日密碼

表1-1是二〇〇七年麥迪森哈特老虎隊的球員名單，請仔細看看有無任何特別的地方。

你看到了嗎？若看不出來，也沒什麼關係。畢竟不知多少年來，還沒有人看出個所

表1-1　麥迪森哈特老虎隊球員名單

球衣號碼	姓名	位置	習慣持棍手	身高	體重	生日	家鄉
9	布南・博許 Brennan Bosch	中鋒	右	172公分	79公斤	1988. 2. 14	薩省馬騰斯維爾 Martensville, SK
11	史考特・華茲登 Scott Wasden	中鋒	右	185公分	85公斤	1988. 1. 4	卑詩省西岸 Westbank, BC
12	柯頓・葛蘭特 Colton Grant	左翼	左	175公分	80公斤	1989.3.20	亞伯達省標準市 Standard, AB
14	達倫・韓穆 Darren Helm	左翼	左	183公分	82公斤	1987.1.21	曼省聖安德魯斯 St. Andrews, MB
15	戴瑞克・鐸塞特 Derek Dorsett	右翼	左	180公分	81公斤	1986.12. 20	薩省金德斯里 Kindersley, SK
16	丹尼・陶德 Daine Todd	中鋒	右	178公分	79公斤	1987.1. 10	亞伯達省紅鹿 Red Deer, AB
17	泰勒・史威頓 Tyler Swystun	右翼	右	180公分	84公斤	1988.1. 15	亞伯達省科克倫 Cochrane, AB
19	麥特・羅瑞 Matt Lowry	中鋒	右	183公分	84公斤	1988. 3. 2	曼省尼帕瓦 Neepawa, MB
20	凱文・安德修特 Kevin Undershute	左翼	左	183公分	81公斤	1987.4. 12	亞伯達省麥迪森哈特 Medicine Hat, AB
21	傑瑞德・索爾 Jerrid Sauer	右翼	右	178公分	89公斤	1987.9. 12	亞伯達省麥迪森哈特 Medicine Hat, AB
22	泰勒・恩尼斯 Tyler Ennis	中鋒	左	175公分	73公斤	1989.10. 6	亞伯達省艾德蒙頓 Edmonton, AB
23	喬登・希克摩特 Jordan Hickmott	中鋒	右	183公分	83公斤	1990.4. 11	卑詩省米遜 Mission, BC
25	賈庫柏・魯培爾 Jakub Rumpel	右翼	右	172公分	75公斤	1987.1. 27	斯洛伐克省赫西亞羅夫 Hrnciarovce, SLO

球衣號碼	姓名	位置	習慣持棍手	身高	體重	生日	家鄉
28	布雷頓．卡麥隆 Bretton Cameron	中鋒	右	180公分	76公斤	1989.1. 26	亞伯達省迪茲伯瑞 Didsbury, AB
36	克里斯．史蒂文斯 Chris Stevens	左翼	左	178公分	89公斤	1986.8. 20	卑詩省道森溪 Dawson Creek, BC
3	果德．白德溫 Gord Baldwin	後衛	左	196公分	93公斤	1987. 3. 1	曼省溫尼伯 Winnipeg, MB
4	大衛．史蘭柯 David Schlemko	後衛	左	185公分	89 公斤	1987. 5. 7	亞伯達省艾德蒙頓 Edmonton, AB
5	崔佛．葛拉斯 Trever Glass	後衛	左	183公分	86公斤	1988. 1. 22	亞伯達省科克倫 Cochrane, AB
10	克里斯．羅素 Kris Russell	後衛	左	178公分	80公斤	1987. 5. 2	亞伯達省卡洛林 Caroline, AB
18	麥可．索爾 Michael Sauer	後衛	右	191公分	93公斤	1987. 8. 7	明尼蘇達省沙托爾 Sartell, MN
24	馬克．伊舍伍德 Mark Isherwood	後衛	右	183公分	83公斤	1989. 1. 31	卑詩省亞伯茲福德 Abbotsford, BC
27	夏恩．布朗 Shayne Brown	後衛	左	185公分	90公斤	1989. 2. 20	亞伯達省石原 Stony Plain, AB
29	喬登．班菲德 Jordan Bendfeld	後衛	右	191公分	104公斤	1988. 2. 9	亞伯達省雷迪克 Leduc, AB
31	雷恩．何斐德 Ryan Holfeld	守門員	左	180公分	75公斤	1989. 6. 29	薩省雷洛伊 LeRoy, SK
33	麥特．基特利 Matt Keetley	守門員	右	188公分	86公斤	1986. 4. 27	亞伯達省麥迪森哈特 Medicine Hat, AB

以然，直到一九八〇年代中期，加拿大心理學家巴恩斯里（Roger Barnsley）才注意到一點。

巴恩斯里有一次帶著老婆和兩個兒子，在亞伯達省南部看萊斯橋市野馬隊參賽。野馬隊和溫哥華的巨人隊及麥迪森哈特老虎隊，同屬加拿大青少年冰上曲棍球大聯盟A組。他的老婆寶拉看著節目單，上面也有像前文列示的球員資料。

她問巴恩斯里：「你知道這些年輕人是什麼時候出生的？」

巴恩斯里說：「這些小夥子年齡都在十六歲和二十歲之間，所以應該是在六〇年代末生的。」

寶拉說：「不是啦，我不是指年齡，而是他們出生的月份！」

巴恩斯里回憶道：「當時，我還以為我老婆在胡言亂語。等我細看球員資料，才終於知道寶拉在說什麼。的確，很多球員都在一、二、三月出生。真是不可思議。」

那晚，巴恩斯里回家之後，仔細查看所有能找到的曲棍球職業球員出生日期，果然也是年頭出生的多。巴恩斯里夫婦和同事湯普森（A. H. Thompson），蒐集了安大略青少年曲棍球聯盟所有球員的資料，進行統計，再次印證他們的發現：在一月出生的球員，遠遠多過其他月份出生的。第二多的呢？二月。第三？三月。巴恩斯里發現，安大略青少年曲棍球聯盟的球員，一月出生的要比十一月出生的人數幾乎多達五・五倍。他再深入研究所有青少年明星隊伍，十一歲和十三歲之間的球員，發現他們大多數一樣是年頭生的孩子。加拿大國家曲棍球聯盟呢？也一樣。

他愈調查，愈發現這個現象並非巧合，而是加拿大曲棍球代表隊的一個鐵律：不管是哪個明星隊伍，四〇%的球員都是在一月到三月間出生的，三〇%在四月至六月間，二〇%在七月到九月間，只有一〇%的球員在十月到十二月間出生。

「我研究心理學這麼多年，還沒看過這麼明顯的效應，」巴恩斯里說道：「甚至連統計都不必，只消瞄一眼就看出來了。」

請再回頭看看麥迪森哈特市老虎隊的球員名單。你看到了嗎？這個球隊共有二十五名球員，其中有十七名都是在一月、二月、三月、四月間出生的。

以下是紀念杯決賽的一段文字轉播，只是我用出生日期取代他們的姓名。如此一來，就不像加拿大青少年曲棍球冠軍爭霸戰，而是變成一種以摩羯座、水瓶座和雙魚座為主的星座男孩運動儀式。

「三月十一日」從老虎隊門網的一邊出來，把球留給隊友「一月四日」。「一月四日」再把球傳給「一月二十二日」。下一個接球的則是「三月十二日」，近距離射門。老虎隊的守門員「四月二十七日」擋住了。巨人隊的「三月六日」搶到反彈球，射門！老虎隊的後衛「二月九日」和「二月十四日」飛撲過去，「一月十日」眼睜睜地看著球飛過去。「三月六日」得分！

我們再看第二局結束前的一幕。

輪到麥迪森哈特。老虎隊的神射手「一月二十一日」衝到冰場右側，然後打住，在這裡繞圈，想要甩開溫哥華的後衛「二月十五日」。「一月二十一日」飛快地把球傳給隊友「十二月二十日」。哇！「五月十七日」衝過來了，但「十二月二十日」不理他，把球回傳給「一月二十一日」。「一月二十一日」射門！溫哥華的後衛「三月十二日」衝到前面攔截。溫哥華的守門員「三月十九日」也飛撲過去，可惜為時已晚。

「一月二十一日」得分！他得意洋洋地高舉雙手。隊友「五月二日」興奮地騎到他的背上。

「巨大效應」

這個現象其實很容易解釋。說來和星座無關，也不是在一月到三月出生就有什麼神奇的，只是加拿大曲棍球年齡分級的分界是一月一日。凡是一月一日以後出生的，到十二月三十一日之前，都屬於同一個年齡組別。一月二日出生的幾乎要比十二月三十一日出生的大上一歲。在前青少年時期，實際年齡差異達十二個月，身體成熟度也有很大的不同。

這裡是加拿大，全世界對曲棍球最狂熱的國家。英雄出少年，曲棍球教練莫不積極尋找九歲或十歲、具有天賦的孩子，使他們進入明星代表隊。所謂的「天賦」是指：塊頭比較大、身體協調度佳、身體成熟度也比較好的孩子。

如果一個孩子能獲選加入代表隊，又會如何？從此他就能有更好的教練來為他指導，隊友比較優秀，一季可打五十場到七十五場，否則只能打個二十場左右。進入代表隊之後，也得加倍練習，甚至比以往多投注三倍以上的時間。一開始，他的優勢並不明顯，只不過年齡比其他孩子大上幾個月而已。但是到了十三歲或十四歲，由於有好教練指導加上勤奮練習，優勢就愈來愈明顯，他真的變得突出，具有加入青少年大聯盟B組的實力，日後又可更上一層樓，成為一線球員。[1]

巴恩斯里認為選手年齡分布偏斜的原因主要有三：也就是挑選、能力分組以及經驗差異。如果你先挑選出資質優異的孩子，給這些菁英的孩子更好的訓練和學習經驗，最

1 加拿大曲棍球選手的選拔，也是「自我實現預言」的一個典型範例。所謂「自我實現預言」，是美國社會學家莫頓（Robert Merton）提出的，指一種預期的想法最初本來是錯誤的，之後卻促成新的行為，使錯誤的想法成真。加拿大曲棍球教練，每年在挑選九歲和十歲的孩子加入球隊時，只是挑選年齡最大的，最後這些被挑選出來的孩子，果然成為最優秀的。正如莫頓所言：「自我實現預言有弄假成真的特性。這樣的預言還會以實際發生的事件作為例證，證明當初想的沒錯。」

後他們的表現就會更加突出。

在美國，橄欖球和籃球代表隊挑選選手不像加拿大曲棍球隊，沒有年齡分組，出生年月日也就不會影響到他們在球場上的表現；即使一個孩子體型比隊友來得小，練習的時間一樣多。但棒球就不同了。[2]在美國，幾乎所有的城市非學校代表隊的棒球聯盟，年齡分組的分界是七月三十一日；因此主要聯盟的選手，在八月出生的遠比其他月份來得多（以二〇〇五年為例，在八月出生的就有五百零五人，而七月出生的只有三百一十三人）。

歐洲足球隊的組成，也像加拿大的曲棍球和美國的棒球，球員年齡分布明顯有偏斜的現象。英國足球隊的年齡分界是九月一日。在九〇年代的超級聯盟，有二百八十八個選手是九月到十一月間出生的，而在六月到八月出生的只有一百三十六個。以往，國際足球賽的年齡分界是八月一日，在最近一次青少年冠軍錦標賽中，在八月到十月間出生的選手有一百三十五個，而在五月到七月間出生的只有二十二個。現在，國際青少年足

2 在美國，由於籃球場到處都是，只要想練就可以練，因此體型比較小的選手，練習時間可能不輸塊頭比較大的孩子。冰上曲棍球則不同，要有冰場才能練習。

球賽的年齡分界又改為一月一日。請看看表1-2二〇〇七年捷克青少年足球國家代表隊的名單，這支隊伍也是角逐青少年世界杯的勁旅。

看來，捷克足球教練大可告訴那些參加全國選拔賽的選手，如果是在九月之後出生的，不用比了，他們已經被淘汰，可以回家了。

當然，曲棍球和足球只是運動競技，只有少數資賦優異的孩子，能被選上加入明星代表隊；但是我們也可以在教育體系看到類似的結果。很多父母會設法讓孩子提早讀幼稚園，例如孩子才滿五歲，班上其他小朋友都要大上好幾個月，甚至將近一歲。或許這些做父母的認為，孩子儘管年紀比較小，但最後還是可以克服學習上的問題，贏在起跑點上。其實不然，就像加拿大的曲棍球選手。孩子年齡不足，學習起來會比較吃力，以致成就低落，反而愈來愈跟不上同學。

最近加州大學聖塔芭芭拉分校的勞動經濟學者貝達德（Kelly Bedard）與杜伊（Elizabeth Dhuey），研究學童出生月份與數學及科學測驗的成績。她們採用的數據，來自每四年進行一次的國際數學與科學教育成就趨勢調查（TIMSS），參與的國家將近二十個。

表1-2　捷克青少年足球國家代表隊名單

球衣號碼	姓名	生日	位置
1	馬歐爾・葛柯夫（Marcel Gecov）	1988. 1. 1	中場
2	魯戴克・弗德利奇（Ludek Frydrych）	1987. 1. 3	守門員
3	佩托・簡達（Petr Janda）	1987. 1. 5	中場
4	賈庫柏・唐納雷克（Jakub Dohnalek）	1988. 1. 12	後衛
5	賈庫柏・馬瑞斯（Jakub Mares）	1987. 1.26	中場
6	麥可・赫爾德（Michal Held）	1987. 1. 27	後衛
7	馬瑞克・史崔斯提克（Marek Strestik）	1987. 2. 1	前鋒
8	吉禮・瓦倫塔（Jiri Valenta）	1988. 2. 14	中場
9	簡恩・史穆涅克（Jan Simunek）	1987. 2. 20	後衛
10	湯瑪斯・歐克雷斯泰克（Tomas Oklestek）	1987. 2. 21	中場
11	魯柏斯・卡洛達（Lubos Kalouda）	1987. 2. 21	中場
12	拉德克・佩托（Radek Petr）	1987. 2. 24	守門員
13	翁德瑞吉・馬祖克（Ondrej Mazuch）	1989. 3. 15	後衛
14	翁德瑞吉・庫德拉（Ondrej Kudela）	1987. 3. 26	中場
15	馬瑞克・蘇奇（Marek Suchy）	1988. 3. 29	後衛
16	馬丁・費寧（Martin Fenin）	1987. 4. 16	前鋒
17	托瑪斯・佩克哈特（Tomas Pekhart）	1989. 5. 26	前鋒
18	盧卡斯・庫班（Lukas Kuban）	1987. 6. 22	後衛
19	托瑪斯・齊拉（Tomas Cihlar）	1987. 6. 24	後衛
20	托瑪斯・費斯塔克（Tomas Frystak）	1987. 8. 18	守門員
21	托瑪斯・米柯拉（Tomas Micola）	1988. 9. 26	中場

她們發現，在四年級的學童當中，相對年齡較大的孩子測驗成績比較小的孩子，要高出四％到一二％。杜伊認為，這是一種「巨大的效應」。她解釋說，即使兩個四年級生智力相當，一個是年頭生的，一個是年尾生的，年頭生的可能拿八十分，而年尾生的只能拿六十八分，而拿八十分的那個孩子就可以進資優班。

杜伊說：「這就像參加球隊。在孩子還小的時候，我們就為他們進行能力分組，有的得以進入語文或數學資優班。然而老師看這群幼稚園大班或小學一年級的學童的表現，可能把孩子的身心成熟度和能力混為一談。他們把比較大的孩子分到比較好的一班，讓他們接受更好的訓練，他們的表現自然比較好，第二年就順理成章地繼續被編在比較好的班級，表現得又更為突出。如此一來，就可一直保持領先。但是丹麥就不贊同這種教育政策，在孩子十歲之前，都不進行任何的能力分組。」換言之，丹麥為了落實平等的教育觀，不讓年齡造成的成熟度差異，影響到孩子受教育的機會。

杜伊和貝達德後來又以大學生為研究對象，做了類似的分析。她們發現，在四年制的美國大學教育體系中，相對年齡最小的一群，學業成績比同學低一一．六％。因此，儘管已經過了許多年，這群學生就學之初成熟度較低的劣勢依然存在。有好幾千個學生甚至因為學齡階段太早入學，學習成就受到影響，無法進入大學。[3]「這實在荒謬，」杜伊說：「我們隨意設下的入學年齡分界，竟有如此長遠的影響，而且似乎每個人都覺得無所謂。」

成功是優勢的累積

且讓我們再思索加拿大曲棍球選手和出生月份的關聯。在我們的觀念裡，最優秀、最聰明的人自然而然就可以出人頭地。其實，成功不像我們想的那麼簡單。的確，那些可以成為職業選手的曲棍球球員，要比你、我都厲害，但他們打從小時候就有好的開始，再加上有好的機會。這樣的機會就是他們成功的關鍵。

社會學家莫頓稱這種現象為「馬太效應」，典出新約馬太福音中的一節：「因為凡有的，還要加給他，叫他有餘。沒有的，連他所有的，也要奪過來。」換言之，成功者

3 還有許多社會現象和相對年齡有關。柏恩斯里等三位研究人員發現，有自殺傾向的學生，通常是在下半年出生的孩子。他們認為，這可能是學習成就低落帶來的沮喪。然而相對年齡和自殺的關聯，還是不如出生日期和運動表現那樣明顯。

愈能得到特別的機會而變得愈成功；愈富有，稅額減免的額度愈高；成績最好的學生愈能得到老師的關注；在加拿大打曲棍球的孩子，體型愈大的，愈能得到好的教練指導，練習的機會也比較多。正如社會學家所言，成功是「優勢累積」的結果。加拿大的曲棍球選手一開始只是比同輩好一點，但這小小的差異使他得到更好的機會，同輩愈差愈多，最後就遠遠落後了。最初那一丁點的差異使他出類拔萃，最後成了真正特出的人。但在一開始，他還不算特出，只是比別人好一點點而已。

加拿大曲棍球選手選拔給我們的第二個啟示就是，我們現有的選才制度似乎效果有限。我們以為，所有的明星球隊或資優生愈早培養愈好，才不會浪費人才。然而，且讓我們看看表1-3的捷克國家足球代表隊的球員名單，這支球隊曾經在世界錦標賽拿下第五名。七月、十月、十一月和十二月生的掛零，生於八月、九月的各有一個。因此，在下半年出生的似乎很倒楣，得不到鼓勵、重視，或是很早就被淘汰了。如此一來，捷克運動人才當中有一半都被浪費了。

如果你是有運動才華的捷克年輕人，不幸出生於下半年，該怎麼辦？看來，你是不能打足球了，也許你該往其他熱門運動項目發展，比方說曲棍球（你可能可以預知自己的命運）。看來在第四季出生的，最好也早早放棄，這輩子別再夢想成為職業曲棍球選

表1-3　捷克國家足球代表隊球員名單

球衣號碼	姓名	生日	位置
1	大衛・柯維敦（David Kveton）	1988. 1. 3	前鋒
2	吉禮・蘇奇（Jiri Suchy）	1988. 1. 3	後衛
3	麥可・寇拉茲（Michael Kolarz）	1987. 1. 12	後衛
4	賈庫柏・佛吉塔（Jakub Vojta）	1987. 2. 8	後衛
5	賈庫柏・金德（Jakub Kindl）	1987. 2. 10	後衛
6	麥可・佛洛里克（Michael Frolik）	1989. 2. 17	前鋒
7	馬丁・韓薩爾（Martin Hanzal）	1987. 2. 20	前鋒
8	托瑪斯・史佛博達（Tomas Svoboda）	1987. 2. 24	前鋒
9	賈庫柏・瑟尼（Jakub Cerny）	1987. 3. 5	前鋒
10	托瑪斯・庫德卡（Tomas Kudelka）	1987. 3. 10	後衛
11	賈洛斯拉夫・巴頓（Jaroslav Barton）	1987. 3. 26	後衛
12	白吉維爾（H. O. Pozivil）	1987. 4. 22	後衛
13	丹尼爾・拉可斯（Daniel Rakos）	1987. 5. 25	前鋒
14	大衛・庫傑達（David Kuchejda）	1987. 6. 12	前鋒
15	弗拉季米爾・蘇波卡（Vladimir Sobotka）	1987. 7. 2	前鋒
16	賈庫柏・柯發爾（Jakub Kovar）	1987. 7. 19	守門員
17	盧卡斯・凡塔克（Lukas Vantuch）	1987. 7. 20	前鋒
18	賈庫柏・佛瑞斯（Jakub Voracek）	1989. 8. 15	前鋒
19	托瑪斯・帕斯皮西爾（Tomas Pospisil）	1987. 8. 25	前鋒
20	翁德瑞吉・帕夫雷克（Ondrej Pavelec）	1987. 8. 31	守門員
21	托瑪斯・康納（Tomas Kana）	1987. 11. 29	前鋒
22	麥可・雷皮克（Michal Repik）	1988. 12. 31	前鋒

手。

你看到我們的成功思維帶來什麼樣的結果了嗎？我們把成功和個人特質畫上等號，其他人因而失去出頭的機會。我們制定出來的規則反而壓抑成就，我們太早就宣布某些人是失敗者。我們對成功者過於敬畏，對失敗者則不屑一顧。更重要的是，我們太被動了，忽略了自己所扮演的一個重要角色。我在這裡說的「我們」就是指社會，也就是失敗與成功的判定者。

如果我們願意正視年齡分界的問題，大可設立二個或三個曲棍球聯盟，根據球員的出生月份來分組，把出生月份相近的球員分為一組，讓各組自由發展，最後再來挑選明星代表隊。如果捷克和加拿大每一個在年底出生的運動員，都有公平的機會，這兩個國家的代表隊，不是有兩倍的人才可供挑選嗎？

學校也是。小學和中學可以依學生年齡分班，一到四月的一班、五到八月一班，九到十二月的一班，讓成熟度相當的學生互相學習、競爭。其實，這樣校務運作起來只是變得複雜一點，也不一定會花費更多的錢。也許這樣就能弭平教育制度的一個重大缺失，我們也能更容易操控成就評量的機制。不只是運動競技，還有很多重要的事也可以這麼做。但是我們就是不做。為什麼？因為我們對成功的觀念已根深柢固，認為成功只是個人的資質、努力與表現，而我們生存的世界或社會規則和成功無關。

在紀念杯冠軍爭霸賽之前，高德．華茲登（Gord Wasden）頭戴麥迪森哈特老虎隊的帽子和黑色T恤，站在冰場旁談到他的兒子史考特（Scott Wasden）。史考特就是老虎隊的一員大將。高德回憶說：「史考特四、五歲大的時候，他弟弟還在坐學步車。史考特拿著曲棍球棍，兩兄弟就在廚房地板玩曲棍球，從早打到晚，樂此不疲。史考特一直熱愛曲棍球，從小聯盟開始，總是在最強的球隊。他現在是初級組第一年，已經加入最頂尖的球隊了。」史考特就要出場參加最重要的一場比賽了。高德難掩興奮之情地說：「這孩子很努力，為了達到目標，總是全力以赴。我實在以他為榮。」

我們在史考特身上看到成功的要素：熱情、才能和努力；但是除了這些，還需要別的。高德什麼時候發現兒子與眾不同，是打曲棍球的料？「他向來比同年齡的孩子要來得高大。這孩子壯得像頭牛，而且很小就能掌握得分的祕訣。他似乎從小就鶴立雞群，老是被選為隊長……」

比同年齡的孩子高大？史考特一月四日出生，比起曲棍球頂尖好手的絕佳出生日期只差三天。從這點看，他實在是個幸運兒。若加拿大曲棍球選手的年齡分界不是一月一日，而是在下半年或是年底，他或許只有在觀眾席加油吶喊的份兒，無法在冰場上大顯身手。

CHAPTER 2

一萬個小時的努力

在漢堡，我們必須一連演唱八小時。

——約翰·藍儂（John Lennon, 1940-1980）

一九七一年，密西根大學電腦中心落成。這棟嶄新的建築坐落於安娜堡畢爾街，外牆磚是米色的，正面有大片深色玻璃。龐大的主機，就在電腦中心裡的一個白色大房間內。有位教職員回憶說：「這裡看來就像電影《二〇〇一：太空漫遊》（*2001: A Space Odyssey*）最後的場景。」主機旁邊有幾十部打孔機排排站——這些東西就是那個時代的終端機，是七〇年代最尖端的電腦科技。密西根大學擁有全世界最先進的電腦，不知有幾千名學生，曾在電腦中心那個白色大房間外駐足，看得目瞪口呆，其中一位就是美國電腦界的奇才——比爾．喬伊（Bill Joy）。

當時的喬伊還是瘦瘦高高的書呆子。喬伊在電腦中心落成的前一年，就來到密西根大學就讀。那年他才十六歲，個子很高，但瘦巴巴的，頭髮亂得像雜草。他從底特律市郊的北法明頓高中畢業時，是大家公認「最用功的學生」。喬伊說，這意味著他是個只會讀書、從不跟女生約會的呆瓜。他本來以為自己會當生物學家或數學家，但是在大一快結束的時候，他從電腦中心門外走過。當瞥見電腦主機的那一剎那，已無可自拔地愛上了電腦。

從此，他就離不開電腦中心了，一有時間就拚命寫程式。他在一位資訊工程系教授那兒工讀，暑假就能待在電腦中心寫程式。一九七五年，他申請進入加州大學柏克萊分校的研究所，更進一步埋首於電腦程式世界。他在博士論文口試時，才一會兒工夫，就寫出極其複雜的程式演算法，讓主考官嘖嘖稱奇。其中一位主考官說道：「這小子就像十二歲的耶穌，既聰明又好學，讓聖殿裡的老師自慚形穢。」

喬伊和幾個熱愛電腦的志同道合之士，為ＡＴ＆Ｔ（美國電話電報公司）發展出來的ＵＮＩＸ程式進行修改。喬伊寫的新版ＵＮＩＸ果然青出於藍、功能強大，到今天全世界還有幾百萬部的電腦主機，使用這種作業系統。喬伊說：「如果你把你的麥金塔電腦，轉換成那種古怪的模式，就會讓我想起二十五年前，我在電腦上打的東西。」要不是喬伊當年編寫的程式，我們今天恐怕還上不了網際網路。

喬伊離開柏克萊之後，和友人一同在矽谷創辦了昇陽電腦（Sun Microsystems），主導軟體技術開發。這家公司可謂數位革命的先驅者。喬伊在昇陽工作期間，修改Java程式，使之成為轟動世界的電腦萬用語言絕學。喬伊的傳奇更是不脛而走，矽谷人一談到喬伊莫不敬畏有加，就像說到微軟的比爾．蓋茲（Bill Gates），有人甚至稱他為「網際網路的愛迪生」。耶魯大學資訊科學系教授葛倫特（David Gelernter）說道：「比爾．喬伊是現代電腦發展史上，最有影響力的人物。」

比爾．喬伊的天才事蹟，不知被傳誦了多少次。我們能從他的故事學到什麼？這又是菁英出頭的最佳範例。要在電腦程式界打天下，無需家財萬貫或貴人提攜。這是個公平競爭的開放領域，誰的才華和成就突出，誰就取得領先地位。誰最厲害，誰就是贏家，喬伊顯然是縱橫天下無敵手。

要不是我們先看了曲棍球和足球職業選手的故事，大概又會以為，這又是另一個靠自身資質和努力致勝的故事。像喬伊這樣的業界奇葩，正是能力、機運，加上獨特的優勢，才能達到如此崇高的地位。

莫札特磨了十年工

在這個世界上，是否真有與生俱來的才能？全世界的心理學家，已針對這個問題激辯了幾十年。答案顯然是：是的。並非所有的曲棍球員只要是在一月出生，都能變成職業選手，只有那些天生好手才辦得到。成就是才能加上準備的結果。問題是，心理學家仔細研究天才型人物的生涯，發現成功最重要的關鍵似乎是準備，而非才能。

九〇年代初期，認知心理學家艾瑞克森（K. Anders Ericsson）等人，曾在柏林一流的音樂學院進行一項研究。他們在該校教授的協助下，把所有主修小提琴的學生分為三組：第一組是「明日之星」，也就是將來有望成為揚名國際的小提琴家；第二組則只是資質還算不錯；至於第三組則難以成為職業音樂家，日後頂多只能在學校擔任音樂老師。研究人員問每一位修習小提琴的學生同樣的問題：「從你開始接觸小提琴的第一天起，到目前為止，總共練習了多少個小時？」

這三組學生開始學琴的年紀都差不多，全是在五歲左右。在頭幾年，每個人練習的時數大概都是每個星期兩、三個小時。到了八歲，真正的差距開始出現了，能在班上名列前茅者，練習的時間要比其他學琴的孩子來得長。九歲時，每週練六小時；到了十二歲，每週練八小時；十四歲的時候，每週練十六個小時；到了二十歲，如果還在努力練習，且以職業音樂家為志向，每週練習時數則超過三十個小時。在二十歲左右，這些「明日之星」每個人總計已練習了一萬個小時。相形之下，還算不錯的那組，練琴時數總計為八千個小時，至於那些未來只能當音樂老師的，練琴的時間總計不過四千多個小時。

艾瑞克森等人，接下來比較業餘鋼琴家與職業鋼琴家，結果發現同樣的區分。業餘的在小時候一個星期練琴時間從未超過三個小時，到了二十歲，練琴總時數不過是二千個小時。至於職業鋼琴家，練琴時數則逐年增加，到了二十歲，也像那些小提琴「明日之星」，練琴時數總計突破一萬個小時。

有關艾瑞克森的研究，最令人驚異的就是，他們發現沒有天生演奏家，也就是只練習一點點就能成為頂尖好手的，也沒有練習時數比別人都要來得多，最後卻還是技不如人的。從他們的研究結果來看，如果一個學音樂的學生，想要進入最好的音樂學院，成為職業音樂家，就要看這個學生付出的心血有多少。就是這樣。此外，最後能夠出類拔萃的，不光是比別人多努力一點而已，而是比別人多努力了好幾倍。

如果要成為某個領域的高手，至少要練習到某個程度。研究人員相信，真正的專精必須經過一萬個小時的錘鍊。

一萬個小時，這真是個神奇的數字。神經學家列維亭（Daniel Levitin）寫道：「這類研究顯示，一萬個小時的練習或訓練，是成為專家最起碼的要求，不管是作曲家、籃球選手、科幻小說作家、溜冰選手、職業鋼琴家、棋士，甚至是最厲害的罪犯等，都一再印證這個數字：一萬個小時。」

就連所謂的「神童」也不例外。例如莫札特，據說他六歲就會作曲。然而，根據心理學家郝爾（Michael Howe）在《天才的奧祕》（*Genius Explained*）一書的分析：

從成熟作曲家的標準來看，莫札特早期的作品實在沒什麼過人之處。最早的作品或許是他父親幫他寫下來的，或是幫他修改過。莫札特兒時創作的曲子，如最早的七首鋼琴協奏曲，大抵是改編其他作曲家的作品而成。在莫札特的協奏曲中，能展現原創精神最早的一首，就是第九號鋼琴協奏曲（K. 271）。這首曲子已是公認的經典之作，是他在二十一歲那年寫的：那時，他已經不斷創作協奏曲長達十年了。

樂評家熊柏格（Harold Schonberg, 1915-2003）更進一步論道，莫札特其實是「大器晚成」型的作曲家，寫了二十年的曲子之後，才寫出最偉大的作品。

如果要成為棋王或棋聖，似乎也需要十年工夫（只有傳奇西洋棋大師費雪〔Bobby Fischer, 1943-2008〕例外，不到十年便揚名全球，但他也花了九年時間）。十年有何意義？

十年代表一萬個小時的苦練。一萬個小時就是敲開成功大門的神奇數字。

如此，我們便能解開捷克和加拿大國家代表隊選手的生日之謎了。幾乎沒有九月一日之後出生的，這看來似乎不合常理。你可能會想，捷克應該還是有些曲棍球或足球天才，是在一年的最後三、四個月出生的，由於才華、表現特出，最後還是得以獲選為國家代表隊。

然而，那些孩子在八歲時，由於體型太小，不能進入明星隊伍。如此一來，就沒有額外的練習；沒有額外的練習，十年後也就達不到一萬個小時的練習時數，當然進不去職業球隊。這個現象和艾瑞克森等人的研究結果相合。即使是才華洋溢的莫札特，也要等到鑽研作曲一萬個小時，才能寫出真正偉大的作品。不是好手才要練習，而是只有透過不斷的練習，你才能變成好手。

一萬個小時當然是很長的一段時間。我們如何能從小不斷地練習，長大成人之時就達到一萬個小時，成為某個領域的傑出人士？首先，你需要父母的鼓勵和支持。此外，你還要有經濟支援。如果為了生活，你不得不去兼差，那就沒有多餘的時間可以練習。事實上，絕大多數的好手都是透過某種培育計畫——如曲棍球明星隊——利用這個絕佳的訓練機會，達成一萬個小時的練習時間。

喬伊在電腦鍵盤上睡著了

讓我們回到比爾·喬伊的故事。一九七一年，他還只是個瘦得像竹竿的少年郎，數學超強。像他這樣的學生，一般都會選擇麻省理工學院、加州理工學院，或者有「加拿大麻省理工」之稱的滑鐵盧大學。比爾・喬伊的父親威廉說：「比爾從小就是個每事必問的孩子。我們盡可能回答他的問題，答不出來，就找書給他看。」到了申請大學入學，喬伊在學術能力測驗（ＳＡＴ）的數學部分拿到了滿分。他很酷地說：「我覺得不難啊，做完還有時間檢查兩次。」

這小子真是才高八斗。但才能並不是關鍵，他初次打從畢爾街那棟不起眼的電腦中心經過的那天，才是他生命的轉捩點。

在七〇年代初期，喬伊還在學習寫程式。那個時代的電腦都像房間那麼大，一部少說也要一百萬美元，但論起效能和記憶體，恐怕還不如你今天使用的微波爐。那時得在大型學術機構或公司才能見到電腦。如果你要用電腦，就得上那兒租，租金十分昂貴，真是分秒是金。

那時，寫程式是很辛苦的事。程式寫出來之後，必須在讀卡紙上打洞，再將讀卡紙插入讀卡機，把資訊送到主機中運算。一個複雜的程式，可能需要好幾百張甚至上千張的讀卡紙。那時的電腦一次只能處理一件工作。如果你要跑程式，就得抱著一大疊打好洞的讀卡紙，去電腦中心操作員那兒預約主機。可能幾個小時就好了，或者必須等上一天，視前面排隊的人多寡而定。要是你的程式出了一點小錯，甚至只是一個字打錯，那就慘了。你得把整疊卡片抱回去，找出錯誤，重新打卡、排隊。

在這種環境下，要在二十歲出頭成為寫程式的高手，可謂難如上青天。你能用電腦跑程式的時間少之又少，如何累積十萬個小時的練習時間？有位電腦專家回憶說：「在用讀卡紙寫程式的時代，你真正學到的不是寫程式，而是耐心與校對。」

六〇年代中期，終於有了解決之道。電腦效能變強了，作業系統再經改良，就可允許好幾百部終端機同時連線進入主機，執行運算工作，寫程式的人從此不必再抱著一大堆讀卡紙去電腦中心排隊。

這就是所謂的「分時處理系統」，當時的歷史曾這麼描述：

> 這不只是電腦科技的革命，而是啟示。從此無需操作員，不用讀卡紙，更用不著等了。有了分時處理系統，你只要坐在終端機前面，劈里啪啦把指令打進去，不一會兒，結果就出現在眼前。分時系統是互動式的：程式可能會要求你回答，你只要把答案輸入，在你等待的時候，主機就已處理

好，然後回傳結果。這些都是即時的，也就是能在關鍵時限內得到結果。

分時處理系統的雛形最早出現在一九六七年，密西根大學就是全世界最早使用分時處理系統的一所學校。到了七〇年代初期，密西根大學電腦中心主機，已有能力同時處理一百個人輸入的程式。該校電腦系統的開拓者麥可．亞歷山大（Mike Alexander）說：「在六、七〇年代之交，沒有一個地方的電腦像密西根大學那麼厲害。也許麻省理工學院、卡內基美隆或達特茅斯可以辦到，其他地方不可能啦。」

一九七一年秋天，比爾．喬伊來到密西根校園時，正有個機會在等著他。他選擇密西根，不是因為這裡的電腦。他在高中時期根本還沒學過電腦呢。他有興趣的科目是數學和工程。然而他在大一那年發現電腦中心的系統有個漏洞，於是得以隨心所欲地使用電腦。他快樂得有如置身天堂。

「你知道讀卡紙和分時系統有什麼不同嗎？」喬伊說：「就像通信對弈和面對面下快棋的差別。」寫程式再也不是折磨，而是好玩的事。

「我住在校園北邊，電腦中心就在附近。」喬伊繼續說：「你知道我在電腦中心待多少時間？數不清了。密大的電腦中心二十四小時開放，我通常在那裡待一整晚，徹夜未眠，直到天亮，才走路回家。總之，我待在電腦中心的時間，遠遠超過在教室的時間。我們這些老是窩在電腦中心的人，最常做的惡夢就是忘了去上課，完全沒在課堂上現身，最後被老師死當。」

「密大給每位學生一個在電腦中心使用的帳號，看使用多少時間，就扣多少錢。註冊的時候，我們先估算自己使用的時間，然後把錢存進這個帳號，存多少用多少。就這樣。」提起當年的事，喬伊不禁哈哈笑。「可是有人發現，電腦中心的分時系統有漏洞。如果你輸入一個程式，例如『t=k』，電腦中心就不會計費了。只要你知道這個漏洞，就可以永遠坐在那裡使用電腦。」

讓我們看看比爾．喬伊碰到的幾個機會。首先，他就讀的密西根大學是一個非常有遠見的學校，使他得以利用電腦分時系統，而不用讀卡紙；其次，密大電腦中心系統剛好有個漏洞，讓他隨時都可以寫程式，沒有時間限制；再者電腦中心是二十四小時開放的，因此他可以整晚都待在那裡；由於他在電腦中心待的時間夠長，才有時間修改UNIX。比爾．喬伊是個聰明絕頂的年輕人，又十分好學，這當然很重要，然而如果沒有電腦中心給他學習的機會，他還是難以成為電腦方面的專家。

「我在密大，每天花在寫程式的時間差不多是八到十個小時，」他說：「去了柏克萊之後，我更是沒日沒夜地寫。我住的地方就有一部終端機，每天都寫程式寫到半夜兩、三點，不時在鍵盤上睡著了。」他表演在鍵盤上倒頭就睡的樣子。「你知道鍵盤被壓太久會怎樣嗎？會發出嗶——嗶——嗶——的聲音。我被嗶嗶聲叫起來，又繼續打，不久又砰一聲倒在鍵盤上。這種事發生三次之後，我就知道該上床睡覺了。剛到柏克萊，我覺得自己能力還不夠。在那裡的第二年，我才有功力大增之感。我那時寫的程式，三十年後的今天還有人在用。」他停了一下，好像在腦中計算。當然，像他這麼聰明的人，一下子就算好了。一九七一年進密西根，大二開始狂熱寫程式，加上暑假以及在柏克萊的第一年。「嗯，足足有五年，」他說：「大一那年不算。所以呢，總計或許……有一萬個小時？應該沒錯。」

披頭四的一千兩百場現場演出

那麼，一萬個小時是成功的通則嗎？如果我們不只是看表象，還透視成功的背後，是否可以發現，類似密西根大學電腦中心或加拿大曲棍球選手選拔制度那樣的機會？

為了簡單起見，讓我們從兩個例子來驗證這個規則是否成立：一個是風靡全球的世紀搖滾不朽樂團披頭四（Beatles），另一個則是世界首富比爾．蓋茲。

披頭四這四大天王——約翰．藍儂、保羅．麥卡尼（Paul McCartney, 1942-）、喬治．哈里遜（George Harrison, 1943-2001）和林哥．史達（Ringo Starr, 1940-）——在一九六四年二月進軍美國（此即搖滾史上有名的「英倫入侵」事件），發行了一連串瘋狂暢銷的金曲。這股披頭熱不但在美國狂燒，也改變了流行音樂的風貌。

有關披頭四，我們想知道的是，他們在踏上美國的土地時，已經合作多久了。披頭四在一九五七年成軍之初，只有藍儂和麥卡尼兩個人（隔年哈里遜才加入），往新大陸發展則是七年後的事（附帶一提，從他們組團到發行「佩珀中士寂寞之心俱樂部樂團」〔*Sgt. Pepper's Lonely Hearts Club Band*〕和「白色專輯」這兩張登峰造極之作，剛好是十年）。如果你仔細研究，他們準備了多久才稱霸世界樂壇，你會發現他們努力的軌跡和加拿大曲棍球選手、比爾．喬伊以及世界級小提琴家出奇地類似。

話說在草創之初，他們不過是幾個高中生組成的小樂團。一九六〇年，有人邀請他們去德國漢堡演出。披頭四傳記《吶喊：披頭四的世代》（*Shout!: The Beatles in*

Their Generation）的作者諾曼（Philip Norman）說道：「那時漢堡的夜店，不時興搖滾樂團，只有脫衣舞表演。有家夜總會的老闆想做點不同的。老闆名叫布魯諾，本來是在馬戲團表演的藝人，他的構想是引進搖滾樂團，在店裡做不間斷的演出，客人什麼時候來，什麼時候走都沒關係，反正店裡隨時都有樂團在表演，卯足了勁吸引這些過客駐足。美國紅燈區也有這種表演，只不過表演的是脫衣舞孃，而不是搖滾樂團。」

「那時，有不少在漢堡表演的樂團都是利物浦來的，」諾曼繼續說：「布魯諾去倫敦物色樂團，剛好在蘇荷區碰到一名來自利物浦的生意人。這名生意人介紹了幾個樂團給他。披頭四就是這樣和布魯諾・柯希邁德（Bruno Koschmider）搭上線，也認識了其他夜總會老闆。那陣子，披頭四常往漢堡跑，因為那裡有喝不完的啤酒，還有很多可以上床的女人。」

除此之外，漢堡有什麼特別的呢？披頭四得到的酬勞並不高，夜總會的音響效果也不夠好，觀眾也非知音。特別的是他們必須不停地表演。

約翰・藍儂在披頭四解散後接受採訪時提到，他們曾在漢堡一家叫印德拉（Indra）的脫衣舞夜總會表演：

我們愈來愈有信心。這是一整晚表演下來的結果。那時，由於我們是外國人，不得不更加賣力演出，把我們的心和靈魂都放進歌曲。

在利物浦，我們一場只演出一個小時。只要唱些拿手的，就差不多了。每一場唱的都一樣。但在漢堡，我們必須一連演唱八小時，不得不找出新的表演方式，免得觀眾看膩了。

八小時？

披頭四那時的鼓手彼得・貝斯特（Pete Best）憶道：「一旦有我們演出的消息，夜總會就擠滿了人。我們一星期七個晚上都有表演。一開始，我們從傍晚一直表演到十二點半，也就是夜總會的打烊時間，但是我們唱功愈來愈強，觀眾還意猶未盡，不肯離去，就一直唱到兩點。」

一星期七天？

從一九六〇年到一九六二年底，披頭四總共去了漢堡五次。第一次，他們演出了一百零六個晚上，一次五小時以上。第二次，他們表演了九十二場。第三次，共演出四十八場，總計在舞台上的時間為一百七十二個小時。最後兩次在漢堡的演出，也就是在一九六二年十一月和十二月，共演出了九十個小時。總計，在一年半的時間內，有二百七十個晚上都有演出。他們在一九六四年初嘗成功滋味時，據估計已做過一千兩百次現場演出。你知道這是多麼非比尋常嗎？今天，大多數的樂團在全部的表演生涯中，還沒演出過這麼多次。漢堡的磨練就是他們勝出的關鍵。

諾曼說：「他們再回來漢堡的時候，已非吳下阿蒙。他們學到的不只是毅力，而且什麼歌都要會唱，不光是搖滾，還有爵士。他們的舞台經驗愈來愈扎實，因此每一次回到漢堡，都有脫胎換骨的表現，無人可及。披頭四的成功就是這麼來的。」

蓋茲連續寫了七年電腦程式

我們現在再來看看比爾．蓋茲的故事。蓋茲的傳奇幾乎就像披頭四，無人不曉。他資質聰穎，從小數學就特別好，對電腦程式十分著迷。他從哈佛輟學，與友人共同創立一家叫作微軟的電腦公司。他們憑藉著才華、野心和膽識，把微軟打造成電腦世界中的巨人。蓋茲成功的故事大抵若是。現在且讓我們再深入一點。

蓋茲的父親是在西雅圖執業的律師，很富有，他的母親則是出身銀行世家的名媛。比爾．蓋茲聰明早慧，因學校課業過於簡單而覺得無聊，他的父母因此在他七年級的時候，把他送到西雅圖有名的貴族學校湖濱中學（Lakeside Highschool）就讀。國二時，學校成立了電腦社。

蓋茲回憶說：「學校的家長會每年都會舉辦慈善拍賣，一直為了不知如何運用拍賣所得款項傷腦筋。他們曾贊助貧民區的孩子來學校上暑期班，也曾發放福利金給老師。我八年級那年，他們決定撥出三千美元買電腦設備，讓學生使用。這就像天上掉下來的禮物。」

那時是一九六八年，在六〇年代，大多數的大學都還沒有電腦社呢。更令人驚訝的是，湖濱中學買的電腦並非當時盛行的讀卡紙系統，而是新型的ASR-33電傳打字機，可與西雅圖市區的電腦主機連線，利用主機的分時處理系統。「分時處理系統不過是三年前才發明出來的，」蓋茲說：「可見我們學校的家長會非常有遠見。」喬伊在一九七一年，拜因緣際會之賜，才得以利用分時處理系統學習寫程式，而比爾．蓋茲則在一九六八年就讀八年級時，便已經開始做即時程式設計，那年他才十三歲！

從此，蓋茲以學校電腦室為家。他和幾個朋友自學電腦，摸索如何使用這部陌生的機器。ASR和市區電腦主機連線費用昂貴，最初的三千美元很快就花完了。家長會幫電腦社籌措的經費再多，也不夠學生花用。

那時，華盛頓大學有一群電腦專家，創立了一家名叫C立方的電腦公司（Computer Center Corporation, CCC），專營出租電腦系統的業務。C立方創辦人之一蒙妮卡．羅納（Monique Rona）的兒子，剛好也在湖濱中學就讀，只不過比蓋茲大一屆。羅納心想，湖濱中學的電腦社如果願意利用週末幫忙測試他們公司的電腦程式，就可以用免費連線作為交換。當然！這是那些電腦小玩家夢寐以求的。一放學，蓋茲就搭公車到C立方的辦公室寫程式，直到夜深人靜才打道回府。

可惜，C立方公司因發生財務危機被低價收購。蓋茲那票人只好轉移陣地，常常在華盛頓大學電腦中心打轉。不久，他們又和另一家叫「資科」（Information Science Inc., ISI）的電腦公司搭上線，幫他們設計薪資管理系統的程式，以交換免費的連線時間。一九七一年，蓋茲和他的朋友與資科公司的電腦連線時間高達一千五百七十五個小時，等於一天八小時，一星期七天都在連線。

「我那時滿腦子都是電腦，」蓋茲回憶他的中學歲月，說道：「我晚上都跑去資科寫程式，週末也都在那裡。我們一個星期總有二、三十個小時耗在那裡。我和保羅．艾倫（Paul Allen）甚至破解了公司所用的密碼，也知道他們的系統漏洞。後來被逮到了，公司就把我們踢出來。我一整個夏天都沒電腦可用。可是我發現，保羅一個人偷偷跑到華盛頓大學的醫學中心和物理系去玩電腦。他們的電腦二十四小時都在運轉，平時很多人用，但凌晨三點到六點沒人使用。於是我先假裝上床睡覺，然後在半夜偷溜出去，從我家走到華盛頓大學。我對華盛頓大學這麼慷慨，正因為他們當年讓我偷用電腦。」多年後，蓋茲的母親說：「我們現在才恍然大悟，為什麼他以前總是賴床。」

那時，華盛頓州南部的邦維爾電力公司（Bonneville Power）與一家叫作TRW的科技公司簽約，請TRW設計一套電腦系統。TRW又向資科技術部門主管波德．潘布洛克（Bud Pembroke）搬救兵，看看能不能幫忙找一批程式設計師。在那個年代，電腦革命才剛起步，有經驗的程式設計師可說少之又少。但潘布洛克馬上就知道他要找的人在哪裡：就是湖濱中學那票一天到晚都在玩電腦的中學生。蓋茲來年就要升大學了，他設法說服老師，他有一項獨立研究計畫必須在邦維爾進行。於是整個春天，他都可以待在邦維爾電力公司，在約翰．諾頓（John Norton）的指導下寫程式。蓋茲說，諾頓教他的，要比任何一個老師都來得多。

那五年，從八年級到上大學之前的這段中學歲月，對比爾．蓋茲來說，等於是成功的坩堝，就像披頭四的漢堡時期，而蓋茲比喬伊更受到機會之神的眷顧。

首先，蓋茲的父母把他送到湖濱中學就讀。在一九六八年，全世界有幾所中學有分時系統的終端機？其次，湖濱中學的家長願意支付學校的電腦費用。第三，電腦經費用完的時候，有位家長剛好是C立方電腦公司老闆，願意雇用蓋茲那些小毛頭，在週末或晚上幫忙檢查程式。第四，C立方倒了之後，資科電腦剛好要找人做薪資管理系統的程式，蓋茲因而得以繼續操練。第五，蓋茲就住在華盛頓大學附近。第六，華盛頓大學的電腦剛好在凌晨三點到六點間有空檔。第七，TRW打電話向波德．潘布洛克要人才。第八，潘布洛克剛好知道，湖濱中學有兩個學生能夠解決TRW的程式問題。第九，湖濱中學願意放人，讓蓋茲和他的朋友保羅．艾倫，整個春天都待在溫哥華的控制中心寫程式。

這些機會有哪些共同的特點？拜這些機會之賜，比爾．蓋茲有更多的時間鑽研程式。蓋茲大二那年，也就是在一九七六年，因為要專心發展事業，創辦自己的軟體公司，便毅然決然從哈佛輟學。從中學八年級到現在，他已連續不斷寫了七年的程式。寫程式的時間遠遠超過一萬個小時了。論電腦經驗，在這個世界上，有幾個青少年比得上蓋茲？蓋茲說：「我想不會超過五十個。我們才十幾歲就待過C立方電腦公司，幫資料寫員工薪資管理系統，還有TRW。我想，在那個時代，很少有青少年像我們這麼早就接觸電腦。這實在是一連串的幸運。」

時勢造英雄

如果我們把曲棍球職業選手、披頭四、喬伊和蓋茲的故事放在一起來看，成功的軌跡就更清晰了。無庸置疑，喬伊、蓋茲和披頭四都很有天賦；藍儂和麥卡尼的音樂才華可說是一代之最；至於喬伊，在極短的時間內即能寫出讓教授瞠目結舌的程式演算法。

但他們創造歷史真正的原因並非才能，而是機會。披頭四會去漢堡演唱，完全是無心插柳，然而沒有漢堡的磨練，披頭四可能完全不同。

比爾．蓋茲接受筆者訪問，一開頭便說：「我是個非常幸運的人。」說幸運，並不表示他不是個傑出的企業家。他很明白，如果一九六八年他不是在湖濱中學就讀，今日的境遇便會截然不同了。

我們提到的這些軟體大亨、搖滾巨星或明星運動員，與其說他們是例外的幸運兒，不如說他們都經歷了一萬個小時的試煉。

最後，再來看看古往今來最富有的人（表2-1）。我們一樣要做生日分析，就像前面分析曲棍球選手出生的月份，只是這次把焦點放在他們是哪一年出生的。下頁就是《富比世》所列人類有史以來最富有的七十五人，包括古代的國王、皇后、法老與今日的億萬富翁，如股神巴菲特（Warren Buffett）和墨西哥電信大亨史林姆（Carlos Slim）。

表2-1 古往今來最富有的75人

排行	姓名	資產（美元）	出身地	公司或財富來源
1	洛克菲勒 John D. Rockefeller	3183億	美國	標準石油 Standard Oil
2	卡內基 Andrew Carnegie	2983億	蘇格蘭	卡內基鋼鐵公司 Carnegie Steel Company
3	沙皇尼古拉斯二世 Nicholas II of Russia	2535億	俄國	羅曼諾夫王朝 House of Romanov
4	凡德比爾特 William Henry Vanderbilt	2316億	美國	美國鐵路大王
5	奧斯曼・阿里・汗 Osman Ali Khan, Asaf Jah VII	2108億	印度	海德拉巴王朝末代君主 Hyderabad
6	美隆 Andrew W. Mellon	1888億	美國	海灣石油 Gulf Oil
7	福特 Henry Ford	1881億	美國	福特汽車 Ford Motor Company
8	克拉蘇 Marcus Licinius Crassus	1698億	古羅馬共和國	羅馬執政官、商人
9	巴西爾二世 Basil II	1694億	拜占庭	君王
10	凡德比爾特 Cornelius Vanderbilt	1674億	美國	美國鐵路大王（威廉・凡德比爾特之父）
11	拉福斯 Alanus Rufus	1669億	英國	11世紀投資家
12	阿邁諾菲斯三世 Amenophis III	1552億	古埃及	法老
13	德・瓦倫 William de Warenne	1536億	英國	第一代薩里伯爵 1st Earl of Surrey

排行	姓名	資產（美元）	出身地	公司或財富來源
14	威廉二世 William II of England	1517億	英國	君王
15	伊莉莎白一世 Elizabeth I	1429億	英國	都鐸王朝 House of Tudor
16	小洛克菲勒 John D. Rockefeller Jr.	1414億	美國	標準石油
17	沃爾頓 Sam Walton	1280億	美國	沃爾瑪連鎖超市 Wal-Mart
18	亞斯特 John Jacob Astor	1150億	德國	毛皮交易、金融、貿易
19	奧多 Odo of Bayeux	1102億	英國	君王
20	吉拉德 Stephen Girard	995億	法國	美國第一銀行 First Bank of the United States
21	克麗奧派翠拉 Cleopatra	958億	古埃及	托勒密王朝繼承人
22	凡・倫斯勒三世 Stephen Van Rensselaer III	888億	美國	倫斯勒維克地產公司Rensselaerswyck Estate
23	美隆 Richard B. Mellon	863億	美國	海灣石油
24	史圖爾特 Alexander Turney Stewart	847億	愛爾蘭	長島鐵路公司 Long Island Rail Road
25	小亞斯特 William Backhouse Astor Jr.	847億	美國	繼承
26	帕提諾 Don Simon Iturbi Patiño	812億	玻利維亞	瓦努尼錫礦 Huanuni tin mine

排行	姓名	資產（美元）	出身地	公司或財富來源
27	蘇丹哈山納波嘉 Sultan Hassanal Bolkiah	807億	汶萊	國王
28	惠爾豪澤 Frederick Weyerhaeuser	804億	德國	惠好公司 （紙業、包裝） Weyerhaeuser Co.
29	泰勒 Moses Taylor	793億	美國	花旗銀行 Citibank
30	亞斯特 Vincent Astor	739億	美國	繼承
31	史林姆 Carlos Slim Helú	724億	墨西哥	墨西哥電訊公司 Telmex
32	宋子文	678億	中國	中國中央銀行總裁
33	古爾德 Jay Gould	671億	美國	聯合太平洋公司 Union Pacific
34	菲爾德 Marshall Field	663億	美國	馬歇爾・菲爾德百貨 Marshall Field and Company
35	貝克 George F. Baker	636億	美國	紐澤西中央鐵路公司 Central Railroad of New Jersey
36	葛林 Hetty Green	588億	美國	海濱國家銀行 Seaboard National Bank
37	蓋茲 Bill Gates	580億	美國	微軟電腦公司 Microsoft
38	艾利森 Lawrence Joseph Ellison	580億	美國	甲骨文電腦公司 Oracle Corporation
39	阿克賴特 Richard Arkwright	562億	英國	德文特紡織工廠 Derwent Valley Mills
40	阿姆巴尼 Mukesh Ambani	558億	印度	印度信實工業集團 Reliance Industries

排行	姓名	資產（美元）	出身地	公司或財富來源
41	巴菲特 Warren Buffett	524億	美國	波克夏控股公司 Berkshire Hathaway
42	米塔爾 Lakshmi Mittal	510億	印度	米塔爾鋼鐵公司 Mittal Steel Company
43	蓋帝 J. Paul Getty	501億	美國	蓋帝石油公司 Getty Oil Company
44	費爾 James G. Fair	472億	美國	維吉尼亞礦業公司 Consolidated Virginia Mining Company
45	魏特曼 William Weightman	461億	美國	默克魏特曼製藥 Merck & Weightman Company
46	塞吉 Russell Sage	451億	美國	西聯匯款公司 Western Union
47	布雷爾 John Blair	451億	美國	聯合太平洋鐵路公司 Union Pacific
48	阿姆巴尼 Anil Ambani	450億	印度	印度信實電訊公司 Reliance Communication
49	史丹佛 Leland Stanford	449億	美國	中央太平洋鐵路公司 Central Pacific Railroad
50	休斯 Howard Hughes Jr.	434億	美國	休斯飛機公司、環球航空 Hughes Aircraft Company, TWA
51	柯蒂斯 Cyrus Curtis	432億	美國	柯蒂斯出版公司 Curtis Publishing Company
52	布雷爾 John Insley Blair	424億	美國	鐵路大亨
53	哈里曼 Edward Henry Harriman	409億	美國	聯合太平洋鐵路公司 Union Pacific Railroad

排行	姓名	資產（美元）	出身地	公司或財富來源
54	羅傑斯 Henry H. Rogers	409億	美國	標準石油
55	艾倫 Paul Allen	400億	美國	微軟 瓦爾肯公司 Vulcan Inc.
56	克魯格 John Kluge	400億	德國	美國媒體國際集團公司 Metropolitan Broadcasting Company
57	摩根 J. P. Morgan	398億	美國	通用電器、美國鋼鐵公司 General Electric, US Steel
58	佩恩 Oliver H. Payne	388億	美國	標準石油
59	堤義明	381億	日本	西武集團
60	傅瑞克 Henry Clay Frick	377億	美國	卡內基鋼鐵公司
61	亞斯特四世 John Jacob Astor IV	370億	美國	繼承
62	普爾曼 George Pullman	356億	美國	普爾曼鐵路公司 Pullman Company
63	杭丁頓 Collis Potter Huntington	346億	美國	中央太平洋鐵路公司
64	韋德納 Peter Arrell Brown Widener	334億	美國	美國菸草公司 American Tobacco Company
65	亞默 Philip Danforth Armour	334億	美國	亞默冷凍貨櫃車公司 Armour Refrigerator Line
66	歐布萊恩 William S. O'Brien	333億	美國	維吉尼亞礦業公司

排行	姓名	資產（美元）	出身地	公司或財富來源
67	康普拉德 Ingvar Kamprad	330億	瑞典	宜家家居 IKEA
68	辛格 K. P. Singh	329億	印度	新德里地產公司 DLF Universal Ltd.
69	傅拉德 James C. Flood	325億	美國	維吉尼亞礦業公司
70	李嘉誠	320億	中國	和記黃埔集團
71	布蘭迪 Anthony N. Brady	317億	美國	布魯克林地鐵公司 Brooklyn Rapid Transit
72	德畢 Elias Hasket Derby	314億	美國	船運
73	霍普金斯 Mark Hopkins	309億	美國	中央太平洋鐵路公司
74	克拉克 Edward Clark	302億	美國	勝家縫紉機公司 Singer Sewing
75	阿瓦里德王子 Prince Al-Waleed bin Talal	295億	沙烏地阿拉伯	王國控股公司 Kingdom Holding Company

這份名單的有趣之處在哪裡？歷史學家檢視古往今來的巨富，從埃及豔后和法老的時代開始，直到今天，幾乎有五分之一零星分布在單一國家的某一個世代，但在這七十五個人當中，其中有十四個美國人的出生年集中在十九世紀中葉，相差都不到十歲：

1 洛克菲勒，生於一八三九年
2 卡內基，生於一八三五年
28 惠爾豪澤，生於一八三四年
33 古爾德，生於一八三六年
34 菲爾德，生於一八三四年
35 貝克，生於一八四〇年
36 葛林，生於一八三四年
44 費爾，生於一八三一年
54 羅傑斯，生於一八四〇年
57 摩根，生於一八三七年
58 佩恩，生於一八三九年
62 普爾曼，生於一八三一年

64 韋德納，生於一八三四年
65 亞默，生於一八三二年

這到底是怎麼回事？答案很明顯，因為十九世紀六、七〇年代，是美國經濟轉型最劇烈的時期。那時傳統經濟式微，鐵路剛修築完成，工業蓬勃發展，華爾街也開始興起。上述那十四位美國大亨可謂「生逢其時」。

如果你生於十九世紀四〇年代末期，那就生得太晚了，無法利用當時的機會。要是你生於十九世紀二〇年代，又生得太早：你的思想方式還是內戰前的模式。只有在一八三一到一八四〇年之間出生的人，才可能嗅得到未來的契機。上面列的十四位美國巨富，每一位不但有眼光，而且很有才能，但是他們因時代的關係，而得到機會之神的眷顧，就像一月到三月間出生的職業曲棍球和足球選手。[1]

1 有關十九世紀，美國大亨都是三〇年代出生的這個現象，社會學家米爾斯（C. Wright Mills），研究了內戰時期到二十世紀的美國企業菁英。他發現，大多數企業領導人都有傲人的家世背景，唯一的例外就是一八三〇年代出生的那群。這代表，「時代也能創造巨富」。在美國史上，只有在這個時期雖生於貧賤之家，日後還可以變成商業鉅子。米爾斯寫道：「美國窮人家的孩子要在商場上叱吒風雲，揚名立萬，一定要生在一八三五年左右。」

一九七五年一月

現在，我們再來分析喬伊和蓋茲這兩個例子。

如果你問在矽谷工作的老將，電腦發展史上最關鍵的時日是何時？他們會告訴你：一九七五年一月。那個月出刊的《大眾電子》（*Popular Electronics*）雜誌封面故事是，史上第一部桌上型個人電腦Altair 8800誕生了，斗大的標題寫著：「大突破！史上第一部可和商用機種相抗衡的迷你電腦。」這是一部可自己在家組裝的電腦，價格：三百九十七美元。

在那個時代，《大眾電子》有如軟體設計業和電腦界人人必讀的聖經，這樣的標題就像改朝換代一樣令人震撼。在此之前，電腦龐大得就像恐龍，就像芝加哥大學電腦中心那部，價格更是高不可攀。多少年來，電腦玩家莫不夢想著電腦有一天可以變得輕巧、便宜，人人都買得起。這一天終於來到。

如果一九七五年一月是個人電腦誕生的日子，誰將享有最大的優勢？

曾在微軟工作多年的高級主管麥佛德（Nathan Myhrvold）說：「在一九七五年那年，如果你是社會新鮮人，或許在IBM上班。你在這家製造主機的大企業工作，對這種個人用的小電腦根本不屑一顧。什麼個人電腦的革命？算了吧。畢竟，IBM製作的電腦是最先進的，也就是電腦的未來。雖然你的薪水不錯，但也沒有機會變成億萬富翁，遑論改變世界。」

要是你大學畢業很多年了，那你已經是老鳥，房子買了，老婆也娶了，小寶寶不久就要報到。怎有可能放棄穩定的工作，為玩具一樣的個人電腦拋頭顱、灑熱血？想都別想。因此，一九五二年以前出生的都出局了。

如果你想在一九七五年做出一番轟轟烈烈的大事，年紀太小又不成。那時，你要是還是中學生，就沒搞頭了。好了，一九五八年以後出生的都太遲了。所以，能在一九七五年恭逢電腦革命風潮，年紀既不能太大，又不能太小，最理想的年齡則是二十或二十一歲，也就是一九五四年或一九五五年出生的人。

我們來測試一下，看這個理論對不對？比爾・蓋茲是哪一年出生的？

比爾．蓋茲：一九五五年十月二十八日生

這真是「電腦之子」最完美的誕生日！蓋茲就像生於一月一日的加拿大曲棍球選手。在湖濱中學和蓋茲最「麻吉」的就是保羅．艾倫，他們在八年級就一起加入電腦社，後來同在C立方電腦公司和資料科公司挑燈夜戰寫程式。蓋茲要創辦微軟，艾倫就是他的左右手。保羅．艾倫生於哪一年？

保羅．艾倫：一九五三年一月二十一日生

再說一個：史提夫．鮑默（Steve Ballmer），微軟身價第三高的人物，自從二〇〇〇年開始，擔任執行長，天天在公司坐鎮指揮。他也是軟體設計界教父級的人物。他的生日呢？

史提夫．鮑默：一九五六年三月二十四日生

別忘了，在電腦界還有一個和蓋茲一樣響叮噹的人物：蘋果電腦的賈伯斯（Steve Jobs）。賈伯斯不像蓋茲，不是有錢人家的子弟，也不像喬伊那樣出身名校。我們用不著深入調查就可知道，他必然也經歷過一萬個小時的試煉。

賈伯斯成長的地點在舊金山南邊的山景市，正是矽谷的中心，住在他家附近的都是惠普電腦（Hewlett-Packard）的工程師。他在十幾歲的時候，常去山景市的跳蚤市場，在破銅爛鐵中挖寶，看能不能找到他要的電子零件。這個在電腦搖籃中長大的孩子，日後果然在電腦界稱霸一方。

我們可從賈伯斯的傳記《意外的百萬富翁》（*Accidental Millionaire: The Rise and Fall of Steve Jobs at Apple Computer*），窺看他的成長經驗：

> 少年賈伯斯每晚都去聽惠普工程師辦的講座，聆聽他們討論業界最新進展。一有問題，立刻向他們求教，可以說好學就是他的註冊商標。有一次，他直接打電話給惠普的創辦人比爾．惠烈（Bill Hewlett），向他索取電腦零件。賈伯斯不只要到零件，還得到暑假工讀的機會。他一邊在電腦生產線上工作，一邊夢想有一天也能設計出自己的電腦……

等一下！惠普大老闆給他零件？豈不是和十三歲就能使用電腦分時處理系統的蓋

茲旗鼓相當？這就像你對服裝設計有興趣，而你的鄰居剛好是喬治．亞曼尼（Giorgio Armani）。那麼，賈伯斯是哪一年生的？

史提夫．賈伯斯：一九五五年二月二十四日

軟體革命還有一位先驅名叫艾瑞克．史密德特（Eric Schmidt）。他擔任矽谷知名軟體公司網威（Novell）的掌門人，二〇〇一年被Google挖角，當他們的執行長。出生年月日呢？

艾瑞克．史密德特：一九五五年四月二十七日

當然，我不是說矽谷每個軟體巨頭，都是一九五五年出生的。有些不是，就像美國商業大亨不是每一個都生在一八三〇年代。話說回來，有些軌跡清清楚楚地出現在我們眼前，我們卻似乎不願正視。我們認為，成功完全是個人資質優異加上努力不懈的結果，而忽略了一些簡單的事實。其實，我們常常可以聽到這樣的故事：有人因為把握住機緣，格外努力，最後得到相當大的回饋。**他們的成功不完全是自己打造出來的，也是他們生長的時代造就的。**

讓我們再回頭看看比爾．喬伊。他說，要是他年紀再大一點，或者一直停留在讀卡機那個年代，那他可能會以科學研究作為他的最愛。那就沒有喬伊的電腦傳奇，取而代之的是生物學家比爾．喬伊。要是他晚生個幾年，哪輪得到他當Java之父？比爾．喬伊是哪一年出生的？

比爾．喬伊：一九五四年十一月八日

柏克萊的博士學位還沒到手，喬伊就宣告放棄，和三個拜把兄弟去矽谷創立昇陽電腦公司。如果你還認為天時地利並不重要，出生年月也無所謂，請再看看昇陽其他三位創辦人的出生年月日：

史考特．麥尼利（Scott McNealy）：一九五四年十一月十三日

維諾德．柯斯拉（Vinod Khosla）：一九五五年一月二十八日

安迪．貝托爾斯海姆（Andy Bechtolsheim）：一九五五年九月三十日

CHAPTER

3

天才的迷思・I

如果你碰到一群聰明的孩子，比較他們的智商高低，根本就沒有意義。

——英國心理學家　郝德森（Liam Hudson）

美國NBC電視台推出的益智節目「以一當百」（*1 vs. 100*），在二〇〇八年堂堂進入第五季。在這新一季中，節目單位請到的特別來賓是克里斯多福・藍根（Christopher Langan）。

由於「百萬大富翁」（*Who Wants to Be a Millionaire*）這類的益智猜謎節目收視率長紅，之後就出現一籮筐同類型的節目，其中之一就是「以一當百」。

這個節目每次總是邀請一百位民眾到現場來擔任參賽者，與一位特別來賓進行益智大車拚。特別來賓每答對一題，一百位現場參賽者答錯的人愈多，特別來賓得到的獎金就愈多，累積獎金最高可達一百萬美元；但是來賓只要答錯一題，就會被淘汰出局，累積獎金將由答對的參賽者平分。然而，很少有來賓的智商可以和藍根相比。

「今晚，現場的參賽者將面對最強勁的來賓，」主持人說：「讓我們歡迎藍根先生出場！全美國最聰明的人！」攝影機鏡頭對著一名五十多歲的壯碩男子慢慢平移。主持人繼續介紹：「一般人的智商約是一百，愛因斯坦的智商是一五〇，藍根的智商則高達一九五。這個奇異的腦袋，目前正在思索宇宙的理論。且讓我們拭目以待，看看這個特大號的腦袋，是否可以力克一百位參賽者，贏得一百萬美金？」

藍根大步走上舞台，現場掌聲如雷。主持人鮑伯．薩吉特（Bob Saget）問：「你認為要成為我們節目的勝利者，智商非得像你這麼高才行嗎？」薩吉特用特別的眼神打量著他，好像他是實驗室培養出來的怪物似的。

藍根以低沉、穩重的聲音答道：「其實，智商高超不見得能為益智問答加分，反倒可能變成障礙。」

「非凡的智力應該用於深奧的思想，不值得為瑣碎的知識浪費時間。但現在我看到各位，」他向現場參賽者瞥了一眼，眼角猶帶一點笑意，似乎心裡在想，這是多麼荒謬的比賽，接著說：「我想，我應該還可以。」

無與倫比的頭腦

近十年，藍根已成為家喻戶曉的奇人異士。新聞節目和雜誌都報導過他那無與倫比的大腦，導演艾洛．莫理斯（Errol Morris）也曾為他拍過紀錄片。

電視新聞節目「20/20」曾請一位神經心理學家，來測量藍根的智商到底有多高，結果發現，他的智商居然高到破表，無法正確估量出來。有一次，藍根接受專為天才設計的智力測驗，結果只錯一題。[1]他六個月大就會說話；三歲大時，每個星期天都按時聽廣播節目說漫畫，然後跟著學，直到自己學會認字。五歲大，他就問祖母：上帝是否

1 這種超級智力測驗是侯福林（Ronald K. Hoeflin）設計出來的；侯福林本人也是智商高超的天才。在語文類比項目中有這麼一題：「牙齒之於母雞，正如鳥巢之於什麼？」答案是什麼，我也不知道。

存在？然而，沒有得到讓他滿意的答案。

藍根在學校考外國語測驗，往往只在老師進教室的前兩、三分鐘才瞄一下教科書，就可以拿到高分。他十幾歲在農場當工人，開始看理論物理的書。十六歲那年，已經讀通了羅素（Bertrand Russell）和懷海德（Alfred North Whitehead）合著、有如天書的《數學原理》（*Principia Mathematica*）。

他參加學術能力測驗（SAT）的時候一度睡著了，然而還是拿到滿分。

他的弟弟馬克（Mark）談到天才哥哥的高中暑假生活：「我哥做一個小時的數學，然後讀一個小時的法文，接下來讀的是俄文和哲學。每天都是這樣，規律、認真地就像宗教儀式。」

另一個弟弟傑夫（Jeff）說：「我哥在十四、五歲的時候，好像要隨手塗鴉，結果畫出來的東西就像照片一樣生動。十五歲，他學吉米．韓德瑞克斯（Jimi Hendrix, 1942-1970）彈吉他，一段一段地學，不久就學到惟妙惟肖。他從來不去學校上課，但考試的時候總會準時現身，學校也拿他沒辦法。他讀一學期的教科書，只要兩天就能抓到所有重點，該注意的都不會遺漏，完成學校功課之後，就繼續讀他感興趣的書。」2

藍根在「以一當百」的節目中表現得非常沉穩，而且胸有成竹。他的聲音低沉，眼睛細小，但目光如炬。他不會為了搜尋正確的字句，支吾其詞，搔頭摸耳或繞著同一件事打轉，說過的話也不再重複。他說的每一個句子，就像閱兵大典上的隊伍，一個接著一個，精要有力。薩吉特丟給他一個問題，他不假思索就解決了。他的累積獎金高達二十五萬美元時，他心裡盤算了一下，只要答錯一題就全盤皆輸，接下來答錯的機率大於

2 為了一窺藍根的成長過程，我們可以參考心理學家賀林沃斯（Leta Stetter Hollingworth）對天才兒童L的描述。賀林沃斯是研究天才兒童的先驅，他的研究對象L的智商和藍根差不多，也是將近二百。賀林沃斯寫道：

「L小小年紀即博覽群書、學富五車，追求學術研究的精確與完美，就像律己甚嚴的學者。他塊頭很大，身體健壯，大家都戲稱他為『教授』，同學和老師都非常欣賞他的求學態度和能力。他常常上台為班上同學講課（一次長達一個小時），講授的內容包括鐘錶的發展史、古代的引擎建造理論、數學和歷史。為了講解計時法的原則，他還利用廢物（如打字機色帶的捲軸）做了一個鐘擺式的時鐘。他的筆記本寫滿了他對各種理論、原理的思索。例如他在班上講『交通運輸』這個單元，光是『陸路運輸』就講不完了。他認為不管講什麼，時間都不夠。但他堅持，至少要對古代的理論有個了解。因此，他著重在古代引擎、火車頭等交通機械的理論，還展示了精緻的圖畫……這時，他才十歲。」

全部正確。大家還在等著看好戲，他卻突然說：「我還是拿現金好了。」他堅定有力地握了主持人的手，下台一鞠躬。沒錯，聰明人就像這樣，知道見好就收。

致力研究天才

第一次世界大戰落幕不久，史丹佛大學有位年輕心理學教授特曼（Lewis Terman, 1877-1956），遇見一個名叫亨利．柯威爾（Henry Cowell）的天才兒童。柯威爾家境貧寒，因為和其他孩子處不來，七歲之後就沒上過學了。他在史丹佛校園不遠的宿舍當清潔工，白天常溜到史丹佛大學彈鋼琴。他彈的琴聲優美動人。

特曼是智力測驗方面的專家，他修改了法國心理學家比奈（Binet）與西蒙（Simon）合作發明的智力測驗量表。他所創新的史丹佛－比奈量表風行五十年以上，至今仍是標準智力測驗，全世界已有好幾百萬人接受過這種智力測驗。特曼心想，柯威爾這孩子一定絕頂聰明，於是想測量一下他的智力。柯威爾的智商果然在一四〇以上，屬於天才的等級。

特曼很好奇，在這個世界上究竟有多少像柯威爾這樣的璞玉？

經過一番明察暗訪，他發現有個小女孩十九個月大就認得字母，有一個四歲大就能讀狄更斯和莎士比亞的作品，還有一個法學院的學生在考卷引述了一長串法律見解，但教授不相信有人能背得出這麼多，認定他作弊，於是勒令退學。

一九二一年，特曼決定以天才研究作為自己畢生的研究領域。他從大英國協基金會申請到大筆研究經費，就成立研究團隊深入加州各個學校進行調查研究。他們請老師從任教的班級挑選出最聰明的學生，然後請這些學生參加智力測驗。成績在前十分之一的，再接受第二次智力測驗；測驗結果智商在一三〇以上的，則接受第三次測驗，特曼再從中選出最優秀的。在這項調查計畫當中，參加測驗的中、小學生多達二十五萬人，智商在一四〇以上的共有一千四百七十人，智商最高甚至達到二百。這群天才兒童後來成為「特曼個案」研究的對象，即史上最有名的心理研究。

特曼一生就像母雞一樣，不斷追蹤、關心個案研究裡的學生，定期為他們做測驗、分析。這些學生的學業成績、婚姻狀態、疾病、心理健康、工作升遷，甚至轉業也都有詳細紀錄。由於對這些學生知之甚詳，在他們求職或申請研究所入學時，特曼也幫他們寫推薦信。他也經常為個案研究的學生提供意見或心理諮詢，並把他的發現寫下來。那五巨冊紅色封皮的《天才的遺傳研究》（*Genetic Studies of Genius*），就是他的心血結晶。

特曼曾說：「有關一個人的特質，除了道德觀，最重要的或許就是智商。」他認為人類要發展科學、藝術、政治、教育，以及增進社會福祉，都得要靠智力高超的領導人。研究個案中的學生長大之後，特曼還不斷更新他們進步的情形，記錄他們非凡的成就。他得意洋洋地說：「我攤開報紙一看，加州如果有任何學生競賽，幾乎都可以在優勝者名單中發現我個案中的學生。」他把個案研究中有創作天分的學生寫的東西拿給文評家看，與名作家的早期作品做比較，發現無分軒輊。特曼相信，這些聰明絕頂的學生未來必定是美國社會的菁英。

今天，我們對成功的思維還是以特曼的想法為中心，學校紛紛成立所謂的「資優班」。要進一流大學，常常必須接受智力測驗和學術能力測驗（ＳＡＴ）。像Google或微軟等高科技公司招募人才時，也常藉由認知能力測驗來印證他們的想法沒錯：也就是智商愈高，潛力就愈大（據說微軟就喜歡出一堆創意考題，來評估應徵者的聰明才智和應變能力，最經典的一題就是：「人孔蓋為什麼是圓的？」如果你答不出來，就不能去微軟工作）。[3]

如果我有魔法，可使你的智商提高三十分呢？你必然會說，太好了，請把我變得更聰明吧！你認為這麼一來，出人頭地的機率就可增高。知道藍根的故事之後，我們的感覺就像特曼在二十世紀初遇見柯威爾，對這樣的天才充滿敬畏。在這個世界上，沒有任何人像天才那樣特出，令人嘆為觀止。

然而，到目前為止，我們發現要有非凡的成就，機會要比才能來得重要。我將在本章以天才為例，更深入探討這一點。長久以來，我們對天才的了解，和特曼的觀點幾乎一致。但是特曼錯了，他並不了解他個案研究中的那些天才學生，如果他遇見十六歲就讀通《數學原理》的藍根，也會犯同樣的錯誤。

智商就像籃球選手的身高

今天，在全世界使用最廣泛的智力測驗，就是瑞文氏圖形推理測驗（Raven's

3 解答：人孔蓋做成圓的，蓋子才不會掉下去。如果是方形的蓋子，拿起來的時候如果是斜斜的，就很容易掉落到洞裡。如果你知道這個答案，就有希望去微軟上班了。

圖3-1　瑞文氏圖形推理測驗之一

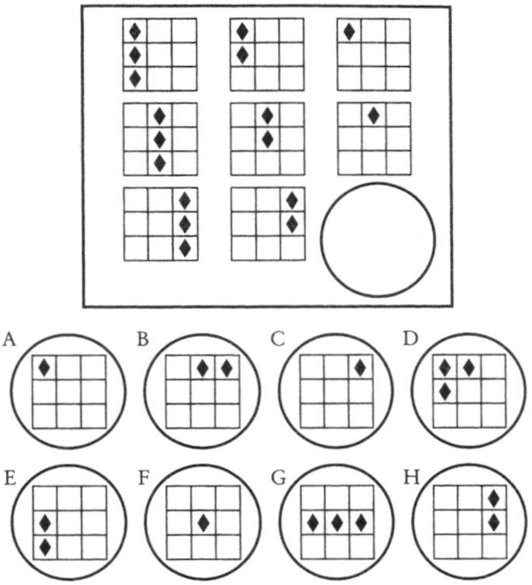

Progressive Matrices）。這種測驗不涉及語言文字或某一個領域的知識，評估的只是抽象理解能力。瑞文氏智力測驗一般有四十八個題目，一題比一題難，答對的題數愈多，代表智商愈高。

圖3-1就是瑞文氏測驗的基本考題。

你知道答案了嗎？我想，大多數的人都答得出來。正確的答案是C。現在再試試圖3-2這題。這是最後一題，也是最難的一道題目。

正確答案是A。我承認，這題我也不會。我想，大多數的人也都

圖3-2　瑞文氏圖形推理測驗之二

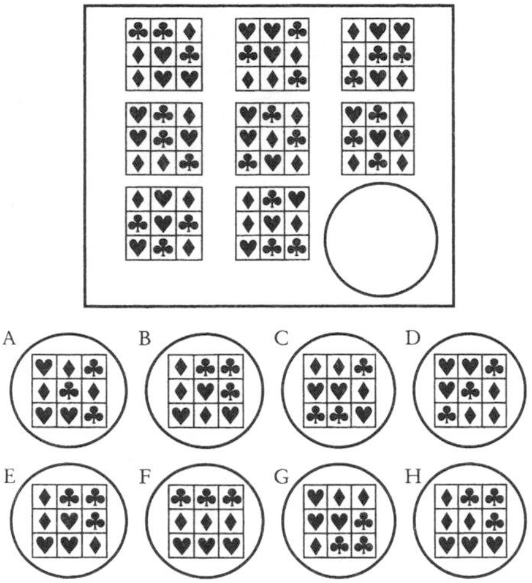

不會，但是像藍根那麼聰明的人應該會做。我們認為像藍根那樣的人是絕頂聰明，正是因為他們會做如此困難的題目。

長久以來，不知有多少學者研究，一個人的智商高低（如瑞文氏智力測驗成績）與人生成就之間的關係。智商低下者，如在七〇以下，就是有心智障礙的人。一般人的智商大約是一百。如果要應付大學課業，你的智商至少要有一百出頭。想申請進入好的研究所，你的智商至少要達到一一五。總之，你的智商愈高，教育程度就愈高，或許以後就能賺更多的錢，甚至可以活得更久。

但這不是絕對的，成功與智商的關聯是有限的。智商如超過一二〇，這多出來的部分，似乎不見得會成為你在現實生活中的優勢。4

英國心理學家郝德森論道：「就思考能力而言，智商一七〇的人要比智商七〇的人來得好。這點已有充分證據。即使智商一百的人和智商一三〇的人相差不是那麼大，後者明顯比前者要來得聰明。但是如果兩個人的智商都很高，就沒有什麼差別……一個成熟的科學家即使智商一三〇，而非智商一八〇的天才，還是可能榮獲諾貝爾獎。」

4 屬於智商基本教義派的美國教育心理學家簡森（Arthur Jensen, 1923-），在一九八〇年出版的《心智測驗的偏見》（*Bias in Mental Testing*）一書中論道：「智商主要可分為四個門檻：如果智商在五〇以下，則無法上學；要是不到七十五，就連小學基本學科都無法應付；智商要超過一〇五，才能完成高中課業、進入大學；智商到達一一五，才可從一流的大學畢業，然後進研究所深造。然而智商即使超過一一五，論職場表現或人生成就，卻不見得特別出色。我不是說，智商一一五和一五〇兩者在心智能力方面沒有什麼兩樣，或智商一五〇和一八〇沒有差別。然而，智商遠遠超過一般人，對個性和人格特質影響比較大，並不表示日後在社會上的成就會特別大。」

郝德森認為，智商就像籃球選手的身高。如果你的身高只有一百六十五公分，有希望成為職籃選手嗎？恐怕不行，你至少要有一百八十公分，身高一八六或許比一八三更好，能有一九〇公分最好，但是超過一九〇，就不見得能有更大的優勢。換言之，在籃球場上，身高二〇五公分不一定比二〇〇公分吃香（像籃球大帝麥可・喬丹就是一九八公分）。籃球選手只要夠高就行了，就像智商，只須到達一定的門檻。

名校不是成就的保證

在本章一開頭提到的那集「以一當百」的節目，主持人提到愛因斯坦的智商一五〇，藍根卻高達一九五。雖然藍根的智商要比愛因斯坦高出三〇％，並不表示他的聰明才智比愛因斯坦多出三成。我們只能說，就思考艱難的物理問題而言，他們兩人都有足夠的能力。

因此，智商不是愈高愈好，只要到達一定的門檻就行了。我們或許會以為，榮獲諾貝爾科學獎項的人智商必然高達二百左右，高中成績清一色是A，大學入學考試幾乎拿到滿分，可以申請到所有的獎學金，也成為名校網羅的對象。

近年得諾貝爾醫學獎的二十五名美國人，是哪些大學的校友？讓我們從二〇〇七年的得獎者往前，列出他們就讀的大專院校：

安提亞克學院 Antioch College
布朗大學 Brown University
加州大學柏克萊分校 UC Berkeley
華盛頓大學 University of Washington
哥倫比亞大學 Columbia University
凱西技術學院 Case Institute of Technology
麻省理工學院 MIT
加州理工學院 Caltech
哈佛大學 Harvard University
漢米爾頓學院 Hamilton College
哥倫比亞大學 Columbia University
北卡羅萊納大學 University of North Carolina
德堡大學 DePauw University
賓州大學 University of Pennsylvania

明尼蘇達大學 University of Minnesota
聖母大學 University of Notre Dame
約翰霍普金斯大學 Johns Hopkins University
耶魯大學 Yale University
肯塔基聯合學院 Union College, Kentucky
伊利諾大學 University of Illinois
德州大學 University of Texas
聖十字學院 Holy Cross
安默斯特學院 Amherst College
蓋提茲堡學院 Gettysburg College
亨特學院 Hunter College

大概沒有人認為，上列每一所學校都能吸引美國最優秀的高中生。雖然耶魯、哥倫比亞和麻省理工學院的確是人人嚮往的名校，但德堡、聖十字和蓋提茲堡則不是。因此上面列的學校並非明星學校，只能說是好學校。

我們再來看看近年榮獲諾貝爾化學獎的二十五名美國人，在大學階段讀的是哪所學校：

紐約市立學院 City College of New York
紐約市立學院 City College of New York
史丹佛大學 Stanford University
俄亥俄州戴頓大學 University of Dayton, Ohio
佛羅里達州洛林斯學院 Rollins College, Florida
麻省理工學院 MIT
格林奈爾學院 Grinnell College
麻省理工學院 MIT
加拿大麥吉爾大學 McGill University
喬治亞科技學院 Georgia Institute of Technology
俄亥俄州衛斯理大學 Ohio Wesleyan University
萊斯大學 Rice University
新澤西州霍普學院 Hope College
楊百翰大學 Brigham Young University
多倫多大學 University of Toronto

內布拉斯加大學 University of Nebraska
達特茅斯學院 Dartmouth College
哈佛大學 Harvard University
肯塔基貝利亞學院 Berea College
明尼蘇達奧格斯堡大學 Augsburg College
麻州大學 University of Massachusetts
華盛頓州立大學 Washington State University
佛羅里達大學 University of Florida
加州大學河濱分校 Univesity of California, Riverside
哈佛大學 Harvard University

因此，如果你想得諾貝爾獎，只要能進像聖母大學或伊利諾大學這樣的好學校就可以，不一定要擠進常春藤名校。[5]

---

5 在前列的各校名單上，哈佛大學出現的次數最多，聖十字學院則只出現一次。這點不足為奇，畢竟哈佛大學是美國最富有、最有名的學校，自然能吸引全世界最優秀的高中生來就讀。

要拿諾貝爾獎不一定要讀名校？對很多家長來說，簡直覺得有點不可思議。假設你的女兒今年要升大學，同時錄取了兩所學校，即哈佛大學和喬治城大學，你會讓她讀哪一家？我猜，應該是哈佛，因為哈佛比喬治城好，學生入學成績比其他學校的學生，要高出一〇到一五％。

但就我們對智商的認識，學校也是一樣，學校排行和學生的成就並沒有絕對的關係。因此，並非哈佛的每個學生都要比喬治城的學生來得聰明，喬治城大學也可能產生諾貝爾獎得主。

心理學家史瓦茲（Barry Schwartz）認為，名校的入學審查手續太複雜了。他提議讓通過門檻的學生抽籤就好了，抽中的就可以去念。但他承認，沒有學校願意採納這個辦法。其實，史瓦茲的想法沒錯。[6]正如心理學家郝德森所言：「如果你碰到一群聰明的孩子，比較他們的智商高低，根本就沒有意義。」（我們可別忘了，郝德森曾在一九五〇年代和六〇年代，對英國貴族學校進行深入研究。）

讓我們從另一個實例來看門檻效應。美國密西根大學法學院就像很多名校都有平權措施，以防止種族、性別與民族血統的歧視，維護黑人等少數族裔的受教權。密西根大學法學院，每年秋天註冊的新生有一〇%都是少數族裔。學校在審核少數族裔學生入學申請時，對他們的學業成績和學術評量的分數要求沒那麼嚴，約比一般白人學生低三%。進了法學院之後，白人學生成績表現也比少數種族的學生來得好。有人因此抨擊，密西根大學法學院的入學平權措施對白人學生不公平，甚至向高等法院提出訴訟。

幾年前，密西根大學法學院決定，對少數族裔學生畢業後在社會上的表現進行追蹤調查，例如賺多少錢？在法律這個專業領域能爬到多高的位置？他們對自己的生涯滿意嗎？對社會和社群有多大的貢獻？得過哪些榮譽？學校要看看這些學生的表現是否符合成功的指標。

6 我們來看看，如何才能被哈佛錄取？在二〇〇八年，向哈佛提出入學申請的學生共有二萬七千四百六十二人，他們都是來自全世界最優秀的高中生。在這些學生當中，SAT的評量閱讀測驗拿到滿分八百分的有二千五百人，數學測驗得到滿分的則有三千三百人。有三千三百人以上，在高中都是全班第一名。但是哈佛錄取多少人？只有一千六百人左右。也就是說，一百個申請者當中，有九十三個會遭到淘汰。如果兩個人的學業成績相當，各科都將近滿分，如何斷定其中一個是讀哈佛的料，另一個不是？可見，史瓦茲說的對極了，用抽籤來決定入學者還比較令人心服口服。

負責這項研究計畫的藍普特（Richard Lempert）說：「這些少數族裔學生大多數在日後都有很好的表現。我們對他們的期望本來不高，認為他們比不上白人學生。研究結果讓我們跌破眼鏡，他們畢業之後的表現，和白人學生相比，毫不遜色。」

藍普特的言外之意是：衡量這些法學院學生唯一的標準，應該是他們在社會上的表現。少數族裔學生即使成績不如白人學生，踏入社會之後，和白人學生一樣有成就。為什麼？這是因為那些少數族裔學生在入學之時，已達到一定的門檻；換言之，他們的聰明才智不成問題。因此，如果你走進教室，看到一群聰明的法學院學生，比較他們成績好壞，完全沒有意義。

還需要豐富的心靈

讓我們再更進一步研究門檻的觀念。如果智力對一個人的影響只到某個程度，超過這個程度，智力再高也沒有幫助，此時必然還有其他影響因素。就像打籃球，身高到達一定水準之後，就要注意其他方面，如速度、靈活度、控球與投籃技巧，以及對球場的判斷等。

提到成功，除了智商，還有哪些重要因素？現在，我們再來進行另一種測驗。請寫出下列兩種物品的用途，答案愈多愈好：

1 磚塊

2 毛毯

這是所謂的「擴散式測驗」，和瑞文式智力測驗完全不同。瑞文式測驗是從種種可能的答案去推理，找出一個正確答案。這種測驗則是要你運用想像力，盡可能去發揮，藉此評估你的反應力和創造力。儘管如此，擴散式測驗並不見得就比較容易。如果你不相信，請試著回答上面的題目。

郝德森曾讓英國頂尖私校的學生做過這樣的題目。以下是一位名為普爾的學生寫的：

磚塊：可以拿起來攻擊別人；作為建築材料；玩俄羅斯輪盤，好玩又可健身（例如球停留在10那一格，就拿著磚塊走十步，然後丟出去）；壓住絨毛被的四個角固定被子；把可口可樂的鋁罐敲扁。

毛毯：睡覺時蓋在身上保暖；在荒郊野外，一時「性」起可就地掩護，在裡面翻雲覆雨；當帳篷；可燃燒作為煙霧信號；當船帆；綁在車子或雪橇上當做旗幟；拿來當毛巾；做射擊練習的布幕；如果有人從失火的摩天樓跳下來，可用來當救命網，在下方接住那個人。

從普爾寫的答案，我們可以大概看出他是怎麼樣的一個男生。他很風趣、調皮，喜歡冒險刺激，還有點好色。他的想像力無遠弗屆，一會兒想到情色的場景，又想到有人從燃燒的摩天樓跳下來，也有務實的點子，例如想到用磚塊固定絨毛被。如果我們再給他十分鐘，他一定可以再想出二十種用途。[7]

7 我們再來看另一個學生寫的，或許比普爾寫的更好。磚塊的用途：在行竊的時候，用來打破玻璃窗；測量一口井的深度；用來當武器攻擊別人；當鐘擺；練習雕刻；築牆；證明亞基米德原理；做壓艙物；綁在東西上面，使之沉入水中；做鐵槌；當門擋；用來清理鞋底；鋪設人行道的材料；作為防止輪子滾動的墊木；做天平；墊桌子腳，使之平穩；當紙鎮；做火爐；把兔子洞堵起來。

現在，我們再來看看另一個學生的答案以做比較。郝德森說，這位學生是名為佛羅倫斯的天才兒童，智商是全校最高的。

磚塊：建築；攻擊。
毛毯：保暖；把火熄滅；綁在樹上做吊床；臨時擔架。

這個天才兒童的想像力究竟到哪裡去了？他只看到磚塊和毛毯最常見的用途，就此打住。因此，儘管佛羅倫斯比普爾的智商要來得高，並不代表在各方面都比較優秀。但是我們從普爾的答案看得出來，他是個有想像力的孩子，佛羅倫斯不是。這兩個學生，你想誰比較有希望勇奪諾貝爾獎？

這就是為何聖十字學院也有可能冒出諾貝爾獎得主，密西根法學院畢業生少數族裔的表現，並不會輸給白人。畢竟，要當一個成功的律師不是智商高人一等就夠了，還需要豐富的心靈。密西根法學院出身於少數族裔的學生，雖然智力測驗成績略遜，還是可能具有很多重要的成功特質。

我們現在知道特曼錯在哪裡了。他只欣賞一萬人才可能出現一個的天才，把焦點都放在他們的聰明才智上面，因而出現盲點。

特曼個案裡的學生長大成人之後，有人出書、發表學術論文，有人經商得利。多人從事公職，兩個當上高等法院法官、一個擔任地方法院法官、兩個在加州當參議員，還有一個成為重要的政府官員。然而，幾乎沒有人成為全國知名人物。他們收入都還不錯，但僅止於此，無人成為巨富。大多數都從事一般行業，還有不少人一事無成，印證了「小時了了，大未必佳」這句話。在特曼挑選出來的天才當中，無人得到諾貝爾獎。然而，因智商不夠高被特曼淘汰的小學生當中，竟然有兩個是諾貝爾物理獎得主，也就是一九五六年獲獎的半導體之父夏克萊（William Shockley），以及一九六八年得獎的實驗物理學大師阿弗雷茲（Luis Alvarez, 1911-1988）。

社會學家索羅金（Pitirim Sorokin）曾痛心地指出，如果特曼當年是從家庭背景相當的孩子隨機挑選，完全不做智力測驗，經過幾十年的追蹤調查，也許這群孩子的表現不會輸給他精心挑選的那些天才兒童。他說：「不管從任何標準來看，這群『天才兒童』在長大成人之後，只能說是泛泛之輩。」在《天才的遺傳研究》第四冊問世之際，天才之說已經式微。特曼不得不失望地表示：「才智和成就的確沒有絕對關係。」

正如我在這一章開頭說的，儘管藍根智商超群，我們還是不知道他是否能夠成為一個成功的人。是的，他絕頂聰明，擁有千萬人都比不上的腦袋，有能力在十六歲就讀通《數學原理》；沒錯，他說起話來，頭頭是道，而且字字珠璣——但是又如何？像他這樣的天才在社會上成功的可能性有多大？如果要知道答案，我們就必須多了解他的人生。

CHAPTER

4

天才的迷思・II

經過一番協商，校方終於同意讓羅勃・歐本海默（Robert Oppenheimer, 1904-1967）留校察看。

——《美國的普羅米修斯》（*American Prometheus*）

克里斯・藍根的母親是舊金山人，和娘家關係疏遠。她生了四個兒子，這四個孩子的父親都不同。克里斯是老大，生父在他出生之前就拋棄他們母子，據說後來死在墨西哥。他母親的第二任丈夫遭到謀殺，第三任自殺身亡，第四任是個落魄記者，名叫傑克・藍根（Jack Langan）。

「直到今天，我還沒看過比我們家窮的孩子，」克里斯・藍根說：「我們連一雙成對的襪子都沒有，鞋子破破爛爛的，褲子也都有破洞。我們家的每個孩子，都只有一套衣服。我還記得，我和弟弟光著屁股用浴室的浴缸洗衣服。我們只有身上這套衣服，脫下來洗，就沒得穿了。」

他們的繼父傑克．藍根常出門縱酒尋歡。他會把廚房櫥櫃鎖起來，讓孩子拿不到吃的東西，還會用鞭子命令他們排隊站好。他常常丟工作，他們也就必須跟著搬家。有一年夏天，這一家甚至沒有房子住，於是以印第安保留區的帳篷為家，三餐靠政府救濟的花生醬和麥片果腹。有段時間，他們住在內華達州的維吉尼亞市。克里斯的弟弟馬克回憶道：「城裡只有一個警察，壞蛋來的時候，那個警察甚至嚇得蹲在警局後頭。我永遠記得那裡有間酒吧叫作血沙龍。」

藍根家的孩子到了上小學的年紀，他們又搬到蒙大拿的波茲曼。克里斯有個弟弟給人領養，還有一個進了少年感化院。

克里斯的弟弟傑夫說：「學校老師根本不知道我哥是天才。克里斯一向低調，不是愛炫耀的人。那時的波茲曼和今天完全不同，只是鄉下小鎮。鎮上的居民沒人看得起我們，大家都認為我們這一家是寄生蟲。」

為了保護自己和弟弟，克里斯於是開始練舉重。克里斯十四歲那年，有一天，繼父又大發神經病，把他們兄弟毒打一頓。誰知道克里斯一出手就把他打昏了。繼父醒來之後就走了，再也沒回來過。

藍根忘了申請獎學金，被迫輟學

克里斯高中畢業時，奧勒岡的里德學院（Reed College）和芝加哥大學都給他全額獎學金。他決定去里德就讀。

克里斯回憶說：「去里德實在是天大的錯誤。我受到很深的文化震撼。我是個理平頭的鄉下孩子，暑假都在農場打工。同學多半是紐約來的城市孩子，留著長長的頭髮。我根本和他們格格不入。在班上，我連開口的機會都沒有。他們則很愛發問，老是在問問題。那時我住在宿舍，一間住四個人，其他三個室友跟我就像不同世界的人。他們都吸大麻，而且常帶女生到宿舍來過夜。我不抽大麻，只好躲在圖書館。」

他繼續說：「後來，我的獎學金沒了……我們的獎學金必須每年申請展延，我媽居然忘了幫我填財力聲明書。她可能搞不清楚這些表格要做什麼。我發現獎學金沒下來，就去問校方，他們說，我的財力聲明書沒寄回來，就把我的獎學金給別人了，還說我恐怕也沒其他獎學金可以申請了。學校行政人員就是這副德性，他們根本不在乎、不關心學生的死活。沒人給我們諮詢、輔導，什麼都沒有。」

克里斯期末考前就離開里德，成績單上清一色是「F」。然而上學期，他每一門功課都是「A」。他後來回去波茲曼，當過建築工人，也做過一年半的森林救火員，最後才在蒙大拿州立大學註冊入學。

「我修了數學和哲學，」他回憶說：「冬天那個學期，我住的地方離學校有二十公里。我車子的變速箱壞了，因為我夏天不在家，所以車子都是弟弟在開。他們是鐵路工人，常把車子開上鐵軌。我沒錢修車，於是去問我的指導教授和院長，說我車子壞了，無法上早上七點半和八點半的課。我鄰居是農場主人，可以在早上十一點載我到學校。因此，如果可以改上下午的課，就沒問題了。我的指導教授是個看起來像牛仔的傢伙，留著八字鬍，身穿粗呢格紋外套。他說：『我看了你在里德的成績單。如果你要好好學習，不得不有所犧牲。不經一番寒徹骨，哪得梅花撲鼻香。忍耐點吧。』他不肯讓我調課。我就去找院長，結果還是一樣。」

說起這段三十幾年前的往事，他的聲音不禁喑啞。回憶勾起他的憤怒：「那時，我半工半讀，做牛做馬，才能賺到學費。在蒙大拿的寒冬，我每天設法搭便車上學，只要能回學校念書，我什麼事都願意做。但學校一點都不通融。我簡直氣瘋了。不能當大學生又怎麼樣？既然學校拒絕我，我也就毫不留戀。於是，我輟學了。就是這樣。」

求學之路中斷，他也失去出人頭地的機會。從小到大，他一直夢想能當學者。這樣少見的天才，加上好學深思，要拿博士學位有什麼難的？他的弟弟馬克說：「我想，哥哥上大學，必然如魚得水。學術界才是適合他發展的地方。這樣中途輟學，實在一點道理也沒有。」

藍根因為沒有文憑，也就不能找到什麼高尚的工作，從此窮愁潦倒。他當過建築工人，有一年寒冬在長島的漁船上工作，在工廠幹過活，也曾在公家機關上班，做小小的辦事員，最後終於找到一份長久的工作，也就是在長島一家酒吧當保鏢。儘管如此，他還是繼續鑽研哲學、數學和物理學，一邊構思他的論文「宇宙認知理論模型」。他很遺憾，由於自己連大學文憑都沒有，論文寫得再好，也無法在學術刊物上發表。

他聳聳肩說：「畢竟我只念了一年半的大學。即使有編輯願意刊登我的文章，最後發現我的經歷，必然會說，這傢伙大學都還沒念完，他知道自己在說什麼嗎？」

克里斯．藍根有這樣的天分，奈何命運多舛，只能在酒吧當保鏢，真令人惋惜。我曾問藍根，假設哈佛大學給他任教的機會，他願意去嗎？「嗯，這問題不好回答，」他說：「如果哈佛請我去當教授，當然是求之不得的機會，我就可以宣揚我的理念，人人都會洗耳恭聽。能進那樣的高等學府，沉浸在濃厚的學術氣氛之中，每次呼吸都將興奮我的智識神經。」這麼一個求知若渴的天才，只能在酒吧討生活，該是多麼寂寞啊。他說：「即使我只在大學待了一年半，也感覺得出那種學術氣氛。你不時可以聽見精闢的理念，刺激自己的腦袋。」

「從另一方面來看，」他繼續說：「哈佛不過是一家大型的學術企業，凡事必須追求效益。哈佛的捐款高達幾十億美元，正因他們有一塊可以吸金的金字招牌。管理學校的人，不見得是在追求真理和學問。他們要的是明星教授。學校付你薪水，是讓你做你真的想做的事，還是做學校要你做的事？如果你在那裡，就得照學校的指示去做，不得超越界線。」

想毒死導師的歐本海默

我們能從克里斯·藍根的故事得到什麼啟示？他的不幸固然令人覺得心酸，但他的解釋也有點奇怪。他的媽媽忘了在他的財力聲明書簽名、寄回，結果獎學金沒了。他想把早上的課調到下午，學校居然不肯通融。為什麼藍根在里德學院和蒙大拿州立大學碰到的老師都那麼冷漠？一般而言，得英才而教之不是當老師的樂事嗎？然而，藍根口中的老師就像無情的政府官僚。其實，在里德那樣的小型文理學院，教授通常都很樂意幫助學生，讓他們得以繼續就學。

藍根對哈佛的文化與特點也有誤解。大學教授應該不必什麼都聽從學校的指示，想怎麼做就怎麼做。其實，大學教授從學校領到的薪水不如他們在業界任職的報酬，但他們還是願意待在學校，主要是因為大學給他們較多的自由，可以做自己想做的事。

聽了藍根的故事之後，我不由得想起另一個人，也就是在二次世界大戰負責原子彈研製工作的物理學家歐本海默。歐本海默小時候就跟藍根一樣是個天才兒童。他的老師回憶說：「這孩子天資聰穎，很快就學會新的東西。」小學三年級他就開始做實驗，五年級時已在研究物理和化學。九歲時，他曾對他的表哥說：「用拉丁文問我問題吧，我會用希臘文來回答你。」

歐本海默從哈佛大學畢業之後，就去英國劍橋大學深造，攻讀物理學博士學位。歐本海默本來就有憂鬱的傾向，由於在劍橋不能做他想做的事而深陷沮喪。他的專長是理論物理，但他的導師派翠克·布萊克特（Patrick Blackett, 1897-1974，一九四八年諾貝爾物理學獎得主），卻要他注意實驗物理的一些細節，歐本海默因此心理不能平衡，情緒也就愈來愈不穩定，有一天居然趁著沒人注意，從實驗室偷了一些化學藥品，企圖毒死導師。

幸好這事及時被布萊克特發現，並向校方報告，於是歐本海默被叫去調查。博德（Kai Bird）與許爾文（Martin Sherwin）在歐本海默的傳記《美國的普羅米修斯》中，記載了這件令人不可思議的往事：「經過一番協商，校方終於同意讓羅勃·歐本海默留校察看，必須定期去倫敦哈利街接受精神科名醫的診療。」

留校察看？

我們看到兩個惹上麻煩的天才學生，同樣可能面臨輟學或被退學的命運。藍根的媽媽忘了幫他申請獎學金，而歐本海默則是想要毒死導師。兩人都去和校方協商，結果藍根還是挽救不了他的獎學金，而歐本海默只要去看精神科醫師就好。歐本海默和藍根都是天才，兩人的命運卻有天壤之別。

二十年後，研製原子彈的曼哈頓計畫找上歐本海默當實驗室主任，更顯露出歐本海默除了天才，還有其他過人的特點。負責執行這個計畫的軍方將領是葛羅夫斯（Leslie Groves），他在全國各地尋尋覓覓，希望能找到高人，把這項重責大任交給他。照理說，歐本海默出線的機率並不大。他才三十八歲，他要管的人年紀都比他大，而且他是理論物理學家，軍方要的人應該是實驗科學家或工程師。此外，他在政治上也站錯邊了：他傾向共產主義，喜歡與共產黨人為友。更教人跌破眼鏡的是，他沒有任何行政經驗。歐本海默的一位朋友這麼形容他：「這傢伙像是不食人間煙火似的，穿著破鞋、戴著一頂怪異的帽子就走進來了。更奇怪的是，他根本不知道怎麼操作實驗室裡的儀器。」柏克萊有個科學家說得更中肯：「這個人恐怕連一個賣漢堡的攤子都顧不好。」

對了，他在讀研究所時，甚至想毒死導師。這樣的人，憑什麼擔任二十世紀最重要的職務？這到底是怎麼回事？其實，我們可從二十年前在劍橋的往事看出端倪：他有一種說服全世界的力量，讓別人照他的觀點去看事情。

博德與許爾文在傳記中描述：「歐本海默知道葛羅夫斯是曼哈頓計畫的守門人，他就設法展現自己的魄力和才智。葛羅夫斯果然完全折服，他後來告訴記者說：『歐本海默是真正的天才！』」葛羅夫斯學的是工程，畢業於麻省理工學院，歐本海默的洞察力讓他佩服得五體投地。博德與許爾文又說：「歐本海默是葛羅夫斯這趟尋才之旅碰到的第一個人。對一些跨領域的複雜問題，歐本海默馬上就能掌握重點，提出實際的解決辦法……歐本海默談到必須設立一個中央實驗室的構想，葛羅夫斯不住地點頭。歐本海默說：『我們現在就得著手解決化學、冶金、工程、軍械等還沒想過的問題。』」如果歐本海默像藍根，突然發現獎學金沒了呢？他會因為調課不成，而離開學校嗎？當然不會。他不是比藍根更聰明，而是因為他有一種本事，知道如何取得他想得到的東西。

藍根談到他在蒙大拿州立大學求學時的事：「學校要求每個人都要修微積分。教我微積分的那個老師講得枯燥乏味，而且抓不到重點，我實在不知道他為什麼要這樣教。我問他一些問題，下課時還窮追不捨，甚至追到他的辦公室。我問他：『你為什麼要這麼教？這樣的練習又有什麼好處？』那個高高瘦瘦的老師襯衫腋下總有黃黃的汗漬。他瞪我一眼，說道：『有件事，你可能要先搞清楚。有些人就是腦殘，沒辦法當數學家。』」

這兩個人，一個是教授，一個是天才學生，這個天才學生顯然希望教授和他一樣熱愛數學，在問答之間迸發智慧的火花，但他失望了。他說的話非但沒能吸引微積分老師的興趣，老師甚至把他當作白痴，不想跟他閒扯。

差別在於「實用智能」

心理學家史坦伯格（Robert Sternberg）說，如果你有本事可說服強暴殺人犯認罪，或是說動教授讓他同意你把早上的課調到下午，這樣的技巧就是所謂的「實用智能」（practical intelligence）。史坦伯格認為，實用智能包括「知道在什麼時候、用什麼方式以及說什麼，以達到最大效果」。這是一種程序性的能力，你不一定知道自己為什麼要這麼做，可能也無法解釋，反正你就是知道**怎麼**做。這也是一種實用的處事能力，與知識無關。當然，知識可以幫助你了解情況，得到你想要的，但這種智能是抽象的，而和實用智能不同。具有實用智能，並不表示一定有很高的抽象智能。反之，你可能具有很強的抽象和分析智能，實用智能卻很低。然而，你也可能是抽象智能與實用智能兼備的幸運兒，既是天才，又是能人，就像歐本海默。

那麼，實用智能是怎麼來的呢？我們已知分析智能至少有一部分和你的基因有關。像藍根六個月就會說話，三歲就自己學會識字。他天生就是這麼聰明。我們所謂的「智商衡量」，是評量我們內在的能力；[1]至於社交常識和處事能力，則是後天習得的技巧。這種態度和技巧，似乎都是從後天生長環境中學來的，也就是家庭。

馬里蘭大學的社會學家拉洛（Annette Lareau），為了探討實用智能，在幾年前以一群小學三年級的學童作為研究對象。這群孩子分屬十二個家庭，有的富裕，有的貧窮，有白人，也有黑人。拉洛和她的研究小組去每個家庭至少拜訪了二十次，一次長達好幾個小時，觀察他們的家庭生活。拉洛要這些受訪者把他們當作是「家裡的寵物」，別在意他們的存在。研究人員就這麼一手拿著錄音機，一手拿著筆記本，一起跟著去教會、看足球賽，或是去醫院看診。

既然花了這麼長的時間研究十二個家庭，或許你會以為，這十二個家庭各有各的教養方式，有的父母很嚴格，有的則採取「放牛吃草」的態度；有的父母很強勢，每件事

1 遺傳因素是個體間智力差異的主要原因。大多數的人認為，智商有一半左右源於遺傳。

都要參與，有的父母則很隨和等等。結果拉洛發現，這十二個家庭只有兩種教養哲學，而且幾乎和社會階級有關：有錢人家是一種，窮人家則是另一種。

有錢人家的父母不會讓孩子沒事做，總是把他們的時間排得滿滿的，而且常常問孩子，老師、教練或是隊友說些什麼。拉洛追蹤調查的一個孩子，暑假期間加入一個棒球隊、兩個足球隊、一個游泳隊、一個籃球隊，他不但是管弦樂團成員，還要上鋼琴課。

窮人家的孩子則多的是時間，休閒運動不是參加足球隊，一個星期去踢兩次；而是和兄弟姊妹或鄰居的孩子在住家附近玩耍。這些孩子通常玩他們的，父母則忙自己的事。例如有個小女孩名叫凱蒂．布萊德，是勞動階級家庭的孩子，她在放學後要去教會唱詩班練唱，都是自己走路去。拉洛寫道：

> 布萊德太太和一般中產階級的媽媽不同，不會因為女兒對歌唱有興趣，就刻意栽培，讓她具有這方面的才能。同樣地，布萊德太太也不會提到凱蒂對戲劇的興趣。由於家境欠佳，她不可能送女兒去學唱歌或演戲。這是事實，沒什麼好遺憾的。反之，她把凱蒂的技能和興趣看作是她個人的特質。凱蒂就是一個愛唱歌、愛演戲的小女孩。她認為凱蒂的表演很「可

愛」，這也是女兒想要吸引別人注意的方式。

中產階級的父母會和孩子講理，不會只是命令。他們非但不介意孩子頂嘴，願意和孩子商量，也歡迎他們向大人的權威挑戰。如果孩子成績不好，這些有錢的父母會認為是老師的問題而出面干涉。例如拉洛追蹤的一個孩子沒能考上資優班，她的母親就想盡辦法讓她再考一次，向學校陳情，最後女兒終於如願進入資優班。反之，貧窮的父母則害怕權威，不敢為孩子主動爭取什麼，只會被動地配合學校的要求或安排。拉洛對一位低收入家長的描述如下：

> 麥亞斯特女士（她只有高中學歷）參加班親會的時候似乎畏畏縮縮，不像平常那樣喜歡社交、外向。她把夾克拉鍊拉上，彎腰駝背地坐在椅子上，不發一言。老師提到她的兒子哈洛德一直沒交作業，她露出不可置信的表情，說道：「可是他在家已經做好作業了。」之後，她既沒有跟老師聯絡，也沒去了解為何哈洛德做好作業，老師卻沒收到。她認為孩子的教育完全是老師的工作，不是她的責任。

拉洛說，中產階級父母的教養風格是一種「協同式的培養」，他們會積極評估孩子的才華、意見與技能，然後努力培養。反之，窮人家父母的教養大都是採取自然、放任的態度。

拉洛強調，這兩種教養方式並無好壞之分。她覺得窮人家的孩子比較乖巧、獨立，少發牢騷，空閒時間的運用也比較有創意。但從實際效果來看，協同式的培養也有很大的好處。中產階級家庭的孩子因密集的時間安排，可以常常接受不同經驗的刺激，比較有機會學習團隊合作，對壓力的適應能力也比較強。這樣的孩子知道要如何和大人應對，如何為自己講話，抒發己見；換言之，中產階級的孩子比較有理所當然的感覺，講起話來理直氣壯。

拉洛認為這種「理直氣壯」並非不好。她說：「這樣的孩子認為，自己有權追求個人想要的東西，而且會積極與他人互動。他們認為分享是件很自然的事，也希望別人注意到他們……」這些孩子已經知道這個社會的遊戲規則。她說：「即使是四年級的孩子，也知道如何爭取自己的權益。為了自己的需要，他們會對老師和醫師提出特別的要求。」

反之，勞動階級和貧窮人家的孩子，總是與人保持距離、不信任別人，顯得保守而拘束。他們不知道如何得到自己想要的東西，或者如拉洛所說，不懂得順應環境。

中產階級的孩子不畏權威

拉洛舉了一個很好的例子來說明。有個九歲大的男孩名叫艾力．威廉斯，他的父母是專業人士，家境富裕。一天，艾力的母親蒂娜帶他去醫生那裡做身體檢查。

在開車前去看診的路上，蒂娜就跟他說：「艾力，你要先想想問醫生什麼問題。不管什麼問題都可以問，別不好意思開口。」

艾力想了一下說：「我用了體香劑，結果腋下長出一些像疹子的東西。」

蒂娜說：「真的嗎？你是說新買的那瓶體香劑？」艾力答道：「沒錯。」蒂娜說：「嗯，那你應該問醫生。」

拉洛論道，艾力的媽媽教他即使面對的是長輩，也要好好表達自己的意見。蒂娜帶艾力進去診所。醫師四十歲出頭，看起來很親切。他說，艾力的身高百分比是九十五。

艾力隨即插嘴：

艾力：什麼百分比？

醫生：這是指從生長曲線看來，在一百個孩子中，你要比其他九十五個跟你一樣十歲大的男孩來得高。

艾力：可是，我還不到十歲。

醫生：因為你是九歲十個月大，所以算十歲。

可見，艾力真是很愛發表自己的意見。他認為有話就說是理所當然的。這也是他媽媽教他的。

接下來，醫生對他說：現在，我要問你最重要的一個問題了。在我幫你做身體檢查之前，你有任何問題要問我嗎？

艾力：嗯……只有一個問題。我的手臂長了像疹子的東西，就在這裡（他指著腋下）。

醫生：下面嗎？

艾力：對。

醫生：好，我會好好幫你檢查那個地方。我先看看，然後再決定怎麼做。

那裡會痛或是會癢嗎？

艾力：不會痛，也不會癢，我只是感覺那裡長了東西。

醫生：好，我先幫你看看吧。

拉洛說，勞動階級或低收入家庭的孩子就不會和醫師有這樣的互動。他們都只會靜靜地、乖乖地聽醫師說話，眼睛也不敢直視醫師。但艾力就會利用機會發言，讓醫師注意到他和他提的問題。

因為這麼做，他就得到主導權。艾力認為，大人尊重他是很自然的一件事，大人本來就該注意他，聽他說話。這就是協同培養策略的重要特點。艾力不是在炫耀，他只是照父母的話去做，他可以跟大人開玩笑、商量，或是說明自己的理由。

這種應對的能力不像眼珠的顏色，並非遺傳而來，也和種族無關，不是黑人或白人特有的文化。其實，艾力．威廉斯是黑人，而凱蒂．布萊德是白人。這是一種家庭環境造成的文化優勢，是父母教養的結果。

拉洛論道，就階級優勢而言，艾力．威廉斯勝過凱蒂．布萊德，因為他是有錢人家的孩子，就讀比較好的學校，而且父母教他要理直氣壯地陳述自己的意見。要在現代社會做一個成功的人，這種理直氣壯的態度非常重要。

階級的文化優勢

這就是歐本海默具有的優勢，而藍根沒有。歐本海默是成衣業富商和藝術家之子，住在曼哈頓的豪宅。週末，司機開著豪華轎車載他們一家去鄉村度假，每年夏天父母會帶他到歐洲探望祖父。他就讀的是中央公園西邊一所私立倫理文化學校。據歐本海默的傳記作者說，這所學校不斷地灌輸先進的思想給學生，要他們成為世界未來的改革者。學校裡的數學老師發現，上課教的東西歐本海默都會了，因此覺得無聊，就讓他獨立做研究。

歐本海默小時候熱愛收集石頭。十二歲時，已就中央公園的岩石形成這個題目，和當地的地質學家通信討論。歐本海默的學識讓那些地質學家非常驚豔，於是邀請他到紐約礦物研究學社演講。許爾文和博德寫道，歐本海默的父母對這孩子的栽培不遺餘力，就是協同培養最好的典範：

由於當天來聽演講的都是成人，歐本海默要父親代為說明他只有十二歲。他的父親鼓勵他好好準備。演講那天晚上，歐本海默的父母陪他一同出席。他的父親驕傲地為他做介紹。他一現身，所有的地質學家和業餘岩石愛好者都哄堂大笑，沒想到今天的演講者是個這麼可愛的小朋友。有人已在講台上放了一只木箱，好讓他站在上面，這樣大家才看得到他的頭。儘管歐本海默是個害羞的孩子，還是鼓起勇氣宣讀完他準備的講稿，大家無不報以最熱烈的掌聲。

難怪歐本海默日後能夠克服人生的挑戰。如果你的父親是成功的商人，你必然知道他憑什麼縱橫商場。要是你小時候讀的是崇尚先進思想的私立學校，劍橋那群老師就嚇不了你。你若是哈佛物理系畢業的，自然曉得要和麻省理工學院學工程出身的將軍聊什麼。

相形之下，克里斯．藍根只能待在波茲曼的貧民區，在酒鬼繼父的淫威下過著提心吊膽的日子。他的弟弟馬克說：「我們都厭惡權威。」這也是藍根小時候學到的一課：

要獨立，不要相信權威。沒有人教他去看醫生時要如何提出問題，也沒有人指導他要如何和權威人士談判，或說明自己的理由。這種能力看來似乎不算什麼，但不具備這種能力，拙於和人交際、溝通，他只能被困在小小的波茲曼，活在自己的世界裡。

馬克又說：「我也拿不到獎助學金，不知道該怎麼申請、填表。我們的生長環境沒教我們這些。」

他的弟弟傑夫則說：「如果哥哥生在有錢人家，好比說是醫生的兒子。在這種關係和背景之下，我敢保證他早就出人頭地了，十七歲就能讓所有的博士甘拜下風。如果你有那樣的文化優勢，成功就容易得多。像我哥那樣的天才，坐在課堂上聽講只是浪費時間。如果他能得到貴人提攜或是生在注重教育的家庭，就不會覺得無聊了。」

出身貧窮的天才庸碌一生

特曼把七百三十個長期接受追蹤調查的個案，長大成人之後的表現分為三組。其中有一百五十人（表現最好的前五分之一）是A組，他們都是成功的標準範例，包括律師、醫師、工程師和教授。A組中有九〇%都拿到大學文憑，其中又有九十八人取得碩士或博士文憑。個案中有六〇%屬於表現尚可的B組，還有一百五十人則是C組。C組都是小時了了，大未必佳，儘管智商超乎常人，最後還是只能當郵差、會計等，圖個餬口罷了，有的甚至長期失業。

C組中有三分之一都從大學輟學，有四分之一只拿到高中文憑。儘管這組每個人在小時候都曾被視為天才，這一百五十個人當中總計只有八人進了研究所。

A組和C組的差別在哪裡？特曼分析、研究了每個人的身體和心理健康狀態、男女氣質量表、嗜好和職業興趣等，也比較他們在小學和高中做的智力測驗分數。最後發現，影響他們日後表現的關鍵只有一個：家庭背景。

A組幾乎都來自中產階級和上流社會的家庭，家中藏書汗牛充棟。這一組有半數的人父親教育程度都在大學以上。在那個年代，只有人中之龍才能念大學。C組則恰恰相反，有三分之一的人其父親或母親在八年級以前就輟學了。

特曼和他的研究小組，曾經挨家挨戶地評估個案學生的人格特質和舉止態度。他們發現，在協同培養和自然發展這兩種教養方式之下長大的孩子，有明顯的不同。A組的學生機靈、泰然自若、注重穿著打扮，也比較有吸引力。由於A組和C組在這四方面的表現差距極大，讓人甚至覺得他們是兩種人。

我們可別忘了，那些C組的學生兒時有多麼聰慧。如果你在他們五、六歲時遇見他們，他們表現出來的好奇心、聰明與才華，必然使你嘖嘖稱奇。但根據特曼調查研究的結果，這些出身低下的天才兒童，最後還是平平庸庸，沒有任何一個人可以成功。

C組的人到底欠缺什麼？他們既非基因不如人，也不是腦袋不好或懶惰成性，而是缺少栽培，生長環境惡劣，最後白白浪費天才，沒能對社會做出偉大的貢獻。

——

今天，克里斯．藍根住在密蘇里鄉下一處養馬農莊。幾年前他結了婚就搬到這個地方。他現年五十多歲，但看起來要比實際年齡年輕得多。他有著運動員的體格，是個二頭肌猛男，頭髮梳到後面，鬍子修剪得很整齊，戴著飛行員太陽眼鏡。如果你看著他的眼睛，會發現他目光如炬，炯炯有神。

不久前，他告訴我：「我平常是怎麼過的呢？我起床後，第一件事是煮咖啡，然後坐在電腦前面繼續研究前一天晚上想到的問題。我發現，如果我在睡前還有問題沒解決，只要閉著眼睛，專心想這個問題，第二天早上醒來，就有答案了。有時候，答案是在睡夢中出現的，但我醒來之後還記得。有時，我約略覺得答案應該是什麼，就開始在電腦上打出來，答案就自然出現了。」

他最近讀的一本書是語言學家喬姆斯基（Noam Chomsky, 1928-）的著作。他老是從圖書館借書，因此書房堆滿了書。他說：「如果你愈接近知識的源頭，就覺得自己愈富有。」

藍根似乎過得幸福、美滿。只要照顧好農場上的牲畜，就可不愁吃穿，每日坐擁群書，與他深愛的老婆晨昏相伴。這樣的日子要比在酒吧當保鏢好多了。

他繼續說：「我想，沒有人比我更聰明了。我從來就沒碰過旗鼓相當的人，以後可能也碰不到。我歡迎任何人向我挑戰，一較高下。」

好個自命不凡。其實，這不是炫耀，而是一種防衛性的姿態。他對宇宙的理論已經研究了幾十年，但是從來就沒有發表的機會。他只能敝帚自珍，無法讓物理學家、哲學家或數學家評估一下。像他那樣的腦袋，幾千萬人中都不一定能找到一個，但他至今還是個庸庸碌碌之輩，沒參加過任何學術會議，沒在知名大學的研究所研討會上發表過他的看法。這個絕無僅有的天才，只能待在密蘇里鄉下的小農莊，穿著牛仔褲和破T恤，在後院孤芳自賞。

「我沒去找主流出版社，」他說：「像蒼蠅一樣纏著出版社或找經紀人，這種事我從來就沒做過，也沒興趣。」

他承認失敗，除了他的美麗心靈，他在這個人世的遭遇全是不堪回首。他想找更好的工作，但沒有門路，甚至連跟微積分老師都話不投機。即使是笨蛋，如果有貴人相助，都能過得比他好，可藍根一輩子都沒碰到這樣的人。這不是藉口，而是事實。如果要當搖滾巨星、職業運動員、軟體大亨，甚至是天才，都不可能只活在一個人的世界裡，靠一己之才揚名立萬。

CHAPTER

5

猶太律師的啟示

雖然工資低、工作環境惡劣、工時又長，但至少你知道老闆是怎麼經營的。

傅榮（Joe Flom）是名列世達律師事務所（Skadden, Arps, Slate, Meagher and Flom）招牌的最後一位合夥人。這家律師事務所全名為「世達、亞爾普斯、史萊特、米格爾、傅榮聯合律師事務所」，不只在美國首屈一指，也是全球規模最大的律師事務所。傅榮的辦公室就位於時代廣場著名的摩天大樓——康泰納仕大廈（Condé Nast）的頂樓轉角，兩面臨窗，可把整個曼哈頓的景致收入眼底。傅榮矮矮的，有點駝背，頭很大，有對招風耳，在大鏡框後面是對藍色的瞇瞇眼。傅榮現在比較瘦了，但在他人生巔峰時期，體重可是巨無霸等級的。他走起路來，步履蹣跚，在想事情的時候，喜歡隨手寫點東西，口齒含糊不清，但他要是走到辦公室外邊的走廊，所有的人立刻閉上嘴巴，頓時鴉雀無聲。

傅榮成長於經濟大蕭條時期布魯克林波蘿園（Borough Park）一帶，父母是來自東歐的猶太移民。他的父親叫以薩多爾（Isadore），在成衣廠縫製女裝肩墊，也是成衣工會的幹部，母親則在家做花樣裝飾的家庭代工，貼補家用。在那個年代，租房子新簽約有一個月可免付租金，為了省一個月的租金，他們幾乎每年都要搬家，可見這一家子真是窮到不行。

傅榮初中畢業，參加哈里斯公立高中（Townsend Harris public high school）入學考試。這所學校位於曼哈頓萊辛頓街（Lexington Avenue），雖然四十年前才創立（創辦人哈里斯為美國首任駐日公使），但已經出了三位諾貝爾獎得主，有六位校友拿到普立茲獎，還有一位高等法院法官，其他傑出校友包括寫出《藍色狂想曲》的傳奇作曲家蓋希文（George Gershwin, 1898-1937），和發明小兒痲痺疫苗的沙克（Jonas Salk, 1915-1995）。傅榮考上了！他媽媽每天早上給他一角錢吃早餐——可以在奈迪克快餐店吃三個甜甜圈，加上柳橙汁或咖啡。放學後，他在成衣廠打工，用手推車送貨。他大學讀的是上曼哈頓城市學院夜間部，白天必須工作。讀了兩年就志願從軍，退伍後申請哈佛法學院。

傅榮說：「我從六歲那年就想當律師。」他連大學都沒畢業，還是錄取哈佛。「哈佛為什麼要我？因為我寫了封信，解釋我為何是有史以來最好的學生。」一九四〇年代末，他在哈佛就讀，上課從來不做筆記。傅榮的同學哈爾（Charles Haar）說道：「在哈佛的第一年，我們都像白痴一樣，把老師講的都仔仔細細地寫下來，再做大綱或摘要，再用半透明的洋蔥紙抄一次。這就是我們記憶的方式。但是傅榮不是，他就是不做筆記，但我們已經隱隱約約感覺到他的思考方式就像律師。他的判斷力很強。」

傅榮的名字被刊在《法學評論》（*Law Review*）期刊上，只有頂尖的學生才能獲此殊榮。到了就業季節，也就是第二學年的耶誕假期，傅榮去紐約最大的一家法律事務所應徵。他回憶說：「我看起來呆呆、土土的，人又胖，一顆心七上八下的。那年就業季節結束後，我們班就只有兩個人沒找到工作。有一天，教授來找我，說有人剛開了一家事務所，要我去看看。那家事務所的律師說，他們現在客戶還不穩定，有時候可能連一個也沒有。不過，我們談得很投緣。我說，管他的，我願意試試看。起薪是一年三千六百美元。」那家事務所一開始只有兩個合夥人，也就是馬歇爾．世達（Marshall Skadden）和萊斯利．亞爾普斯（Leslie Arps）。他們兩人是因為被華爾街一家大事務所拒絕，才決定自立門戶。第三位合夥人則是曾在泛美航空（Pan Am airlines）工作的約翰．史萊特（John Slate）。現在傅榮也是他們的合夥人了。他們在華爾街雷曼兄弟大樓（Lehman Brothers Building）頂樓租了間小辦公室。「我們做的是哪方面的法律業務呢？」傅榮笑著說：「什麼都做，有生意上門就好。」

一九五四年，傅榮已經是世達法律事務所營運部門最高主管，公司業務量飛快成長。旗下的律師已有一百人，不久又變成兩百人；突破三百大關的時候，另一個合夥人克雷曼（Morris Kramer）對傅榮說，事務所的規模大到讓他害怕，或許他不該再去法學院招募新血了。傅榮告訴他：「啊，我們會超過一千人的。」傅榮的野心無可限量。

今天，世達法律事務所已有將近二千位律師，在全球二十三個國家都設有辦事處，每年營收超過十億美元，是全世界最大、也最有影響力的法律事務所。傅榮在辦公室牆上掛著他與前總統老喬治·布希和柯林頓的合照。他住在曼哈頓上東城區的豪宅。近三十年來，如果你是財星五百大企業，考慮購併其他公司或被購併，要找律師時，你第一個想到的，就是世達法律事務所的傅榮。

機運之子

這樣的故事，不免讓你心生疑問。一個移民家庭的孩子，赤貧之子，無法在大法律事務所找到工作，靠自己的努力和能力走過經濟大蕭條，征服貧窮，這是典型白手起家的故事。但前面章節告訴我們，不管是曲棍球職業選手、軟體鉅子或特曼研究個案，成功都不是這麼來的，絕非光靠一人之力就可揚名立萬。成功和出身脫不了干係，成功也是地方和環境的產物。

現在，我們用前面四章學到的成功法則，來檢驗傅榮的故事。且讓我們把傅榮的聰明才智、個性、雄心壯志等放在一邊，也不援引客戶的讚嘆之詞，說他如何天才。至於世達法律事務所如何像彗星一樣在華爾街崛起，這個精采的故事也先略而不談。

反之，我將告訴你一連串發生在三〇年代，紐約移民世界的故事。傅榮就是在那樣的環境長大成人的。這些故事包括傅榮的一個同班同學、簡克洛父子（Maurice and Mort Janklow）的故事、博根尼希（Louis and Regina Borgenicht）夫婦等，希望藉由這些人的故事，了解一個關鍵問題：傅榮的機會是什麼？我們已知在這個社會成功的異數都是機運之子。所謂時勢造英雄，傅榮的成功又是什麼樣的時勢造成的？

我們傳誦白手起家的故事，是因為一個人單打獨鬥、戰勝命運的英雄事蹟能激勵人心。然而，傅榮的故事要比英雄神話來得複雜。他生長的環境似乎有許多不利因素：他是成衣廠工人的孩子，家境貧窮，長於猶太人受到嚴重歧視的年代，而且他是在經濟大蕭條時期長大成人的。令人意想不到的是，這三個因素反倒成為他的助力，傅榮可謂美國社會的一個成功異數。在這一章的結尾，我們不但可以發現，在紐約法律界還有一些人按照傅榮模式成功了，閉著眼睛就可預測，紐約最有名的律師的家庭背景、年齡、出生地等。

機運之一：猶太移民

畢克（Alexander Bickel）是傅榮在哈佛法學院的同學。他和傅榮一樣，父母是東歐猶太移民，住在布魯克林區。和傅榮一樣，先念公立學校，之後到城市學院就讀，最後進了哈佛法學院。畢克也一樣成績優異。要不是畢克後來得了癌症，或許可以成為美國最好的憲法學者。畢克也和傅榮一樣，在一九四七年耶誕節，假期的就業季節前往曼哈頓求職。

畢克的第一站，是華爾街的馬吉羅斯事務所（Mudge Rose）。這家事務所創辦於一八六九年，是華爾街上的老字號，尼克森在一九六八年當上總統之前，就曾在這家事務所執業。該事務所的一員老將說道：「有位老太太說，一輩子上報兩次就夠了；一次在出生的時候，另一次則是在訃聞版。我們也是這麼低調。」畢克踏入馬吉羅斯那天，有人帶他四處參觀，也和一個個合夥人面談，最後有人帶他到事務所的圖書資料室，跟資深合夥人見面。你可以想像那個場景：深色系原木鑲嵌的地板、繁複縟麗的波斯地毯、一排排皮革裝幀的法律書籍，牆上掛著兩位創辦人馬吉先生和羅斯先生的油畫肖像。

「面談好不容易告一段落，」多年後畢克回憶道：「有人帶我去見資深合夥人，他花了一番唇舌告訴我，像我**這樣出身**的孩子（所謂的出身是指，畢克來自貧苦的移民家庭）……」畢克在此停頓了一下接著說：「……能有今天已經很了不起了。他希望我能了解，像我**這樣出身**的孩子，在他們事務所的工作機會很有限。雖然他說，我有這樣的資歷實在很不簡單，也很高興見到我，但我心裡雪亮，他不會給我工作。」

從畢克的話聽來，顯然和他面試的人迷惑了，不知怎麼面對這樣的人才。畢克去馬吉羅斯面試前，已在最高法院辯論過，也出版了好幾本重要著作。他會遭到馬吉羅斯的拒絕，完全是因為出身。這就像是因為麥可．喬丹是來自北卡羅萊納的黑人，而遭到芝加哥公牛隊（Chicago Bulls）的拒絕一樣，令人匪夷所思。

「不過你可是法律界的明日之星，其他大公司呢？」資深合夥人問的是：其他大事務所不能破格錄用你這樣的人才嗎？

畢克說：「什麼明日之星……」

在四、五〇年代的紐約，老牌法律事務所，就像僅對會員開放的私人俱樂部。總部都在華爾街一帶，以花崗石作為外牆、看起來冷冰冰的辦公大樓內。而這些法律事務所的合夥人，都來自常春藤名校，上同樣的教會，也在長島海邊同一個小鎮避暑。他們都喜歡穿樣式保守的灰色西服。這些事務所的成員，幾乎清一色是白人權貴家庭的子弟，也是當時在鄉村俱樂部或雞尾酒會上最受歡迎的嘉賓。那些大事務所用人非常挑剔。如史米格（Erwin Smigel）在《華爾街律師》（*The Wall Street Lawyer*）一書中所述，那個年代的紐約法律事務所要用什麼樣的人，早有定見：

> 最好有歐洲貴族的血統，個性迷人、外表俊秀，是名校畢業的，家世顯赫，有相當的社會經驗，還要有過人的毅力。有位已退休的法學院院長談到，學生必須具備哪些條件才容易找到工作，提出了更實際的看法：「除了能力、個性，還要靠關係。三者兼具是最理想的。如果僅有其中之一，

也許還是找得到工作；有其中兩項，那就可能有好幾份工作可供選擇；要是三者兼具，那就無往不利了。」

畢克不是金髮碧眼的美男子，說起話來還有一點土腔。至於他的家世，他的父親叫所羅門（Solomon），母親叫葉塔（Yetta），是來自羅馬尼亞布加勒斯特的貧民，不久前才在布魯克林落腳。傅榮的背景也好不到哪裡去，面試的時候，「一顆心七上八下」。畢竟他又矮又醜，而且是個猶太人，說話帶著布魯克林區特有的鼻音。你可以想像，那些大事務所資深合夥人，怎麼看待這樣的年輕人。如果你的家世、宗教和社會階級和他們不一樣，即使是名校出身，也只能在比較小的、二流的或新成立的事務所工作，不然就自行開業，而且必須「什麼都做，有生意上門就好」。也就是說，名聲響亮的大事務所，根本沒他們立足之地。這樣看起來似乎很不公平。令人想不到的是，這種「不公平」的待遇暗藏大好機會，能夠把握這個機會的人就可成為成功的異數。

購併案第一把交椅

華爾街老牌大事務所對業務也很挑剔。他們都是企業律師，也就是幫大公司處理稅務以及股票、公司債發行等相關法律事務，確保公司的所作所為，不會和法律牴觸。也就是說，他們做的主要是「非訟法律業務」，主要代理當事人進行簽約、談判、調解等，並不代表當事人（不管是原告或被告）上法庭進行訴訟。柯史莫法律事務所（Cravath, Swaine and Moore）的創辦人柯拉瓦斯（Paul Cravath）說道，企業律師的工作，主要是在會議室而非在法庭調解紛爭。這家法律事務所的合夥人，清一色是白人權貴子弟。他又說：「我在哈佛法學院的同學，最優秀的都是做證券或稅務方面的律師。」柯拉瓦斯的另一個合夥人說：「做企業律師比較高尚，『遜咖』才會去接訴訟案。那年頭，大公司不會告來告去的。」

另外，那些老牌法律事務所，並不承接公司購併的業務。今天，企業購併就像家常便飯，企業狙擊手或私募基金，無時不刻都在想蠶食鯨吞其他公司，常利用發行債券募集巨額資金，再購併現金流量不足的大型企業。但在七〇年代以前，如果一家公司不願被購併，強行購併是無恥之舉。因此，像馬吉羅斯等有名聲的大型法律事務所，根本不碰這樣的業務。

《美國律師》（*American Lawyer*）雜誌的創辦人布里爾（Steven Brill）說：「惡意購併的問題在於，來者不善。要購併別人的，都不是君子，就像霸王硬上弓。比方說，你在普林斯頓最要好的同學，是某公司執行長，已經幹了一段時間，突然跑出一個人，說那家公司的營運爛透了。聽他這麼一說，你一定覺得很不舒服。」[1]

對五、六〇年代布朗克斯或布魯克林出身的猶太律師而言，「有生意上門」就好，哪能挑三揀四。大事務所厭惡的訴訟和購併案，就這樣落到他們手中，特別是購併的重頭戲：「委託書爭奪戰」。所謂的委託書爭奪戰，是購併相當重要的一個手段。投資者覬覦某家公司，想納為己有，就會攻擊該公司經營者領導無方、能力不足，然後寫信給所有的股東，要他們利用委託書表態，以改變現有的管理階層和董事會成員。在那個年代，如果你要發動委託書爭奪戰，在華爾街只有一種律師能幫你，也就是像傅榮那樣的人。

1 律師作家奧欽克洛斯（Louis Auchincloss），曾在紐約一家高級白人法律事務所工作。他在《血字》（*The Scarlet Letters*）這本小說裡，深刻描寫當時華爾街大事務所對購併業務的厭惡。一名從事購併的律師，對合夥人的太太說：「請妳面對現實，我和你老公都是訟棍。」這名律師又說：「如果一家公司不願意被購併，就是我們這些律師大展身手的時候。我們不惜使出各種招數，讓那家公司窮於應付，最後只好投降。例如，我們會告那家公司經營不善，沒發股息，違反某條內部章程或是股票發行有問題。我們聲稱那家公司有犯罪情事，大聲嚷嚷他們違反了反托拉斯法，我們還會去翻出陳年舊帳，讓對方的律師忙得焦頭爛額……這就是戰爭。你知道這是怎麼一回事，並且食髓知味。」

研究法律發展史的史學家卡普蘭（Lincoln Caplan），在《世達傳奇》（*Skadden*）一書中，描述企業購併早期的世界：

誰是委託書爭奪戰的贏家，取決於「蛇洞」（指計算委託書票數的會議室）。雙方律師都會到蛇洞報到，並與監察員見面。如果監察員認為某一張委託書有問題，就可以宣布那張作廢。蛇洞的氣氛其實很輕鬆，雙方常常只穿T恤，一邊吃西瓜一邊聊天，還會共飲一瓶威士忌。其實，勝負早就決定了，蛇洞的計票徒具形式。

要贏得委託書之戰，最重要的是事先收買監察員。雙方律師遞來的雪茄，監察員都收。雙方律師看到委託書的勾選不利於己，就會表示異議。不管怎麼說，在蛇洞罩得住的，就是贏家。也許有律師精通委託書爭奪戰的遊戲規則，但沒有人比傅榮更知道戰法。

傅榮很胖（有位律師同行說，他足足超重五十公斤以上），其貌不揚（有個合夥人說他長得像青蛙），完全不管上流社會的繁文縟節（他甚至會在公共場所放屁；跟別人說話時，差點把雪茄戳到人家的臉也不會道歉）。

但在同行或對手的眼中，他要贏得勝利的意志無人可比，而且手段高超。

如果有投資客想要購併其他公司，找上大型法律事務所，那些事務所因為不碰這樣的案子，就會把案件轉包給世達法律事務所，請客戶去找傅榮。柯史莫法律事務所的資深合夥人雷夫凱德（Robert Rifkind）說道：「傅榮是靠委託書爭奪戰嶄露頭角的，那不是我們有興趣做的事，就像我們不承接離婚官司。記得有一次，我們事務所裡有人談到委託書爭奪戰的事，有一位老合夥人就說，那把傅榮找來吧。我們都在會議室裡洗耳恭聽，聽傅榮傳授這門學問。傅榮說完就走了。我跟大家說：『這種事，我們也會。』但合夥人說：『不，不行，我們不能做這種事。』我們就是無法放下身段做這種事。」

到了七〇年代，大型法律事務所對購併業務不再那麼嫌惡。那時，資金比較容易募集，聯邦法律也寬鬆多了，市場紛紛走向國際化，投資人也就更加積極擴展版圖，企業購併於是大行其道。

傅榮說：「在一九八〇年，如果你是商業圓桌上的會員，也就是美國大公司的主管，如果有人調查，你是否贊同惡意購併，有三分之二的人會說這是無法容許的。但在今天，所有的人都會異口同聲地說：有何不可？」現在每家公司，都必須防範被敵人告上法院，還要嚇阻惡意的購併者。想要蠶食鯨吞的投資客，只能訴諸法律策略，股東也需要正式代理人。購併所需資金極為龐大，從七〇年代中期到八〇年代末，華爾街的購併金額一年增加了二十倍，總額已高達二千五百億美元。

突然間，原本「有所為有所不為」的大事務所，都對購併和訴訟躍躍欲試。誰是這兩個領域的佼佼者？就是像傅榮這種二流事務所的律師。在一、二十年前，沒有一家大事務所願意雇用他，如今他搖身一變成為承接購併業務的第一把交椅。

傅榮說：「那些大事務所本來不屑做這種業務，看見企業購併狂潮來勢洶洶，放棄這個市場畢竟可惜，不得不妥協，於是決定要下海了。但是幹我們這一行，如果你是第一個打出口碑的，客戶還是會先來找你。」

你是不是覺得傅榮成功的軌跡有點眼熟？喬伊和蓋茲這兩位電腦界的盟主，不也是在別人不知道的領域埋頭苦幹，完全沒想到要名震天下？他們面對電腦廢寢忘食，日以繼夜，年復一年，努力了一萬個小時；到了個人電腦革命時代來臨，成功就這樣被引爆了。傅榮也是，他在世達這家二流事務所勤練企業購併的武功，等到時機成熟，購併時代來臨，他已經準備好了。如果他當初順利進入最大的法律事務所執業，一路順風，也就沒有今天了。機會其實是隱藏在逆境當中。

雷夫凱德說：「像傅榮這樣的律師並沒有特別聰明。他們只是多年來勤練某種獨門絕活，有一天機會到了，就可功成名就。所謂『養兵千日，用在一時』，就是這個道理。」[2]

機運之二：生於人口低谷期

莫理斯．簡克洛在一九一九年進布魯克林法學院就讀。他的父母都是來自羅馬尼亞的猶太移民，他是長子，下面還有七個弟妹，一個在布魯克林開了家小百貨店，兩個經營男子服飾店，一個是平面設計師，一個是做羽毛帽子，還有一個在提須曼房地產集團（Tishman Realty）的財務部門工作。

---

2 針對傅榮這樣化逆境為轉機的猶太律師，法學家華德（Eli Wald）的分析最為精闢。華德認為，傅榮這樣的人不只是運氣好；中樂透才是完全靠運氣。傅榮成功的關鍵在於把握機會。正如華德所言：「這些猶太律師不只是運氣好，可謂『自助者天助』的典範。他們知道善加利用環境。他們的運氣在於大事務所不屑插手企業購併的業務。但只靠運氣還不夠，還要能把握機會、肯努力並且有想像力，而且機會往往隱微不顯。」

莫理斯是家裡八個孩子中最會讀書的，也是唯一上大學的，法學院畢業後，就在布魯克林市區的法庭街（Court Street）開了家小事務所。他頭戴軟氈帽（夏天則戴草帽）、身穿布克兄弟高級西服，深具優雅氣質。他的妻子美貌出眾，是塔木德（The Talmud）注疏名家之女，名叫莉莉安・列凡亭（Lillian Levantin）。莫理斯開大車，搬到了皇后區，並且和合夥人收購了一家紙業公司，製造書寫用紙，看來很有鴻圖大展的機會。

從各方面來看，莫理斯・簡克洛沒有不成功的道理。他既聰明，又有學問，而且在當時紐約是全世界最繁華的都市。奇怪的是，莫理斯的希望沒有達成。他沒有揚名立萬，在布魯克林的法庭街開了間小事務所已是他這一生最大的成就，後來甚至變得窮愁潦倒。

莫理斯有個兒子名叫莫特。莫特後來也成為律師，他的故事卻和老爸大異其趣。莫特・簡克洛在六〇年代，靠一己之力開了一家法律事務所，和一家有線電視公司。後來他把有線電視公司的經營權，賣給考克斯廣播公司（Cox Broadcasting），賺了一票。七〇年代，莫特又創立了一家版權代理公司。今天，簡克洛奈斯比（Janklow & Nesbit）

已成為全世界最有名的著作權代理公司。[3]莫特還擁有私人飛機。父親失落的夢想，這個做兒子的都實現了。為什麼莫特可以成功，他的老爸莫理斯卻失敗了？當然，可能的答案或許有一百個以上。然而，我們先分析一八三〇年代的企業大亨，和一九五五年的程式設計師，再來研究簡克洛父子的差異。

或許你還記得，我們在介紹藍根的章節，曾提及心理學教授特曼的天才研究。特曼調查一九〇三年和一九一七年之間出生、智商高超的天才兒童長大成人之後的表現。結果發現，有的很成功，有的則是失敗者，而成功者多半家境富裕。特曼研究和社會學家拉洛的追蹤調查結果不謀而合：**你的父母是做什麼的，和你日後的成就大有關係。**

特曼研究還有一個有趣的結果，如果你把個案研究的兒童分為兩組，一組是在一九〇三年到一九一一年之間出生的，另一組則是在一九一二年到一九一七年出生的，你會發現前一組的失敗者比較多。

3 簡克洛奈斯比公司正是筆者著作的經紀人，我因此得知簡克洛家族的故事。

這個現象和二十世紀的兩個重大事件有關：經濟大蕭條和第二次世界大戰。如果你是在一九一二年之後才出生的，例如生於一九一五年，你在經濟大蕭條結束後從大學畢業，可能會被徵召入伍，到前線打仗。戰爭雖然很可怕，但也是個機會（假設你沒戰死沙場的話）。

至於在一九一一年以前出生的，大學畢業時，正好是經濟大蕭條衝擊最嚴重的時候，工作機會很少，到了第二次世界大戰爆發，被徵召入伍時已年近四十，不得不中斷職業生涯，離開妻小。所以，一九一一年出生的人真是運氣不好，逃不過二十世紀的兩大劫難。

紐約的猶太律師也是。像莫理斯．簡克洛從法學院畢業、準備就業時，大型法律事務所根本不得其門而入，只好自行開業，處理一些遺囑、合約、離婚官司，或是一些小糾紛的和解；到了經濟大蕭條，幾乎沒有客戶上門。史學家奧爾巴哈（Jerold Auerbach）寫道：「那時，紐約的律師將近半數收入少得可憐，難以維持一家溫飽。過了一年，有一千五百名律師和貧民一樣領取救濟金。當時，整個紐約的律師有一半是猶太人，他們發現自己成了高級貧民。」不管你是不是經驗豐富的律師，只要你是猶太人，收入都遠比信基督教的同行要來得少。莫理斯．簡克洛生於一九〇二年，經濟大蕭條來臨時，他剛結束律師業務，買了大車子，搬到皇后區。為了買下製紙公司，幾乎花光積蓄，有如一場豪賭。他的運氣真是壞透了。

莫特提到父親的遭遇：「他本來想大賺一票，但經濟大蕭條使他陷入窘境，他毫無積蓄，家人也不可能做他的靠山。之後，他做的多半是些簡單的法律文書，再也不敢冒險了。他常承接一樁二十五美元的案子。他有個朋友在牙買加儲蓄銀行（Jamaica Savings Bank）工作，有時會幫他介紹客戶。儘管寫一份產權報告書只有二十五美元，他都願意寫。就只為了二十五塊錢！」

莫特繼續說：「我還記得每天早上，我爸對我媽說：『我身上有一塊七十五分，我需要十分錢坐公車，十分錢坐地鐵，二十五分錢買三明治。』然後把剩下的錢交給她。他們真是山窮水盡。」

競爭少，機會多

現在，我們再來看看出生在三〇年代的莫特・簡克洛。

表5-1　美國1910至1950年的出生率

年份	全年出生嬰兒數	出生率（每千人）
1910	2,777,000	30.1
1915	2,965,000	29.5
1920	2,950,000	27.7
1925	2,909,000	25.1
1930	2,618,000	21.3
1935	2,377,000	18.7
1940	2,559,000	19.4
1945	2,858,000	20.4
1950	3,632,000	24.1

請看表5-1。表中列出的是美國從一九一〇年到一九五〇年的出生率。在一九一五年，大約有三百萬個寶寶出生；到了一九三五年，幾乎少了六十萬個新生兒，但是不到十五年，又回復三百萬的水準。簡言之，在一九一五年，每一千個美國人就有二九．五個是新生兒；到了一九三五年，則每千人當中新生兒只有一八．七人；而到了一九五〇年，每千人當中新生兒則有二四．一人。一九三〇年代就是所謂的「人口低谷期」。很多遭受經濟大蕭條衝擊的家庭因為養不起孩子，就不再生育，因此三〇年代生育率驟降，和前、後時期差距很大。

經濟學家高登（H. Scott Gordon）曾論道，出生在人口低谷期的好處：

寶寶第一次張開眼睛，是在寬敞的醫院裡，因為沒多少新生兒，醫護人員對他照顧得無微不至。等到這孩子到了就學年齡，學校已經在等著他了。眾多老師展開雙臂歡迎他。到了中學，他的籃球雖然不如學長、學姊打得那麼好，但體育館總是有地方可以練球。大學更是像天堂一般，有很多教室和設備可供利用，住宿也不成問題，到學校自助餐廳吃飯不必人擠人，而且教授都很關心學生。踏入就業市場之後，則發現工作機會比比皆是，競爭者少。

在三〇年代初期的紐約市，每個班級的人數只有二十五年前的一半，校舍也還很新，是為了在前一個時期容納更多學生興建的。在大蕭條時期，教師地位算是高的。紐約大學研究紐約教育史的羅維奇（Diane Ravitch）教授說：「在四〇年代，紐約的公立學校是全國最好的。換到另一個年代，這些學校的老師可能都是大學教授。他們都是三、四十歲的青壯年，學有專精，因為經濟蕭條，找不到理想的工作。他們認為教書工作很穩定，又有退休金，而且不會被裁員，所以願意在公立學校任教。」

那個年代的大學生也很幸運，傅萊德曼（Ted Friedman）就是一個例子。在七、八〇年代的紐約，最頂尖的律師非他莫屬。他和傅榮一樣，是猶太移民之子，家境貧寒。

傅萊德曼說：「我的選擇有紐約城市學院和密西根大學。城市學院免學費，密西根大學這所名校一年學費是四百五十美元，如果第一學年成績優異，則可申請獎學金。因此，如果我成績夠好，就只要支付第一年的學費。」但一開始，傅萊德曼還是想留在紐約就讀。「於是，我就去城市學院報到。上了一天的課，我發覺自己要是留在城市學院，等於是再念四年的布朗克斯科學高中（即傅萊德曼的母校）。於是我回家收拾行李，一路搭便車去安娜堡。」他又說：

我口袋裡有幾百塊錢，是我暑假在卡茲奇（Catskill）山度假區打工賺來的，好支付一年四百五十塊的學費。當然，我還準備了一點生活費。我在安娜堡一家高級餐廳當服務生，也在福特汽車胭脂河（River Rouge）廠上夜班。當時不難找到工作，工廠不斷在招募工人。後來，我又找到一份工作，在我當律師之前，這份薪水是最高的，也就是在建築工地當工人。夏天，我們在安娜堡修建克萊斯勒的汽車測試場地。我在法學院時，有好幾個暑假都在那裡工作。可能是因為工時超長，薪水相當高。

讓我們來思考一下傅萊德曼的故事。首先，我們知道他這個人勤奮、負責，靠自己的力量完成學業。其次，我們知道傅萊德曼是所謂的「經濟弱勢者」，他生於布朗克斯貧民區，父母都沒上過大學，但是他多麼容易就可以接受好的教育。他在紐約就讀高中時，紐約的公立學校是全世界最好的。他第一個選擇的城市學院免學費，而第二個選擇密西根大學一年學費只要四百五十美元。而且在那個年代，美國大學似乎隨時開放大門，你要是對一所學校不滿意，第二天就可以換一家。

至於他是怎麼到安娜堡的？他從紐約一路搭便車，口袋只有暑假打工賺來的錢，但他一到安娜堡，就立刻找到好幾份薪水不錯的工作，讓他得以半工半讀念完法學院。像傅萊德曼這些出生於三〇年代人口低谷期的，前一代是人口的高峰期，嬰兒潮又在後頭，他們必須努力生產，才能滿足眾多人口的需要。由此看來，成功不只是和個人能力有關，也不只是和父母的出身、職業有關，我們的時代也是重要關鍵。機會往往是時代帶來的。對一名準律師而言，生於三〇年代初期可謂生逢其時，就像生於一九五五年的程式設計師，和生於一八三五年的企業家。

今天，莫特．簡克洛的辦公室，就在紐約公園大道（Park Avenue）一棟大樓裡。他收藏了許多現代藝術的瑰寶——包括一幅杜畢費（Jean Dubuffet, 1901-1985）和一幅基弗（Anselm Kiefer, 1945-）。莫特很會說笑話。（「我媽有兩個姊妹，一個活到九十九，另一個活到九十。九十九歲的那個阿姨很聰明，她的先生叫艾爾，是媚登峰（Maidenform）內衣銷售部主管。有一次，我問他：『姨丈，美國其他地方是什麼樣的世界？』他說：『孩子，你離開紐約之後，會發現不管你走到哪裡，每個地方都是橋港（Bridgeport）。』」）莫特給人一種印象：這個世界有如他的囊中物，他想要什麼，沒有得不到的。他說：「我一直很喜歡冒險。我創立最早的有線電視公司，如果經營不善，可能會破產。但是我有信心，自己一定可以成功。」

莫特．簡克洛在紐約公立學校就讀時，學校的設備、師資都是一流的，學生也不多，但他的父親莫理斯．簡克洛求學時，學生人數最多。由於競爭者不多，莫特．簡克洛輕而易舉就進了哥倫比亞法學院。莫理斯．簡克洛能進布魯克林法學院，對那個時代的貧窮移民之子來說，已經很了不起了。莫特．簡克洛的有線電視公司賣了幾千萬美元，而莫理斯．簡克洛承接一個案子，有時只能賺到二十五美元。從簡克洛父子的對比來說，傅榮要是生在另一個時代，恐怕就沒有今天的風光了。即使是最有才華、家世背景最強的律師，也無法擺脫時代的影響。

莫特．簡克洛說：「我母親死前半年已經神智不清，有時會突然提到以前從未講過的事。例如，一把鼻涕一把眼淚地說起，她的朋友死於一九一八年的流感大流行。我父母那一代過得很苦。那次的全球大流感，據估計奪走了全世界十分之一的人口。眼見親友一個個倒下，大街小巷都瀰漫著恐慌的氣氛。之後又遭逢第一次世界大戰。接著還有經濟大蕭條，然後是第二次世界大戰。他們活在人類史上最艱困的一個時期，根本沒什麼機會。如果我父親生在另一個時代，或許可以功成名就。」

機運之三：成衣工人之子

一八八九年，博根尼希夫婦在漢堡港口搭上了開往美國的郵輪。路易斯．博根尼希來自加利西亞（Galacia，那時還是波蘭屬地）；他妻子蕾吉娜的老家，則在匈牙利的一個小鎮。他們結婚沒幾年就生了一個小孩，還有一個在蕾吉娜的肚子裡。在長達十三天的航程中，他們就待在機艙室上面的房間，床上只鋪著草席。海上風浪大，船身搖搖晃晃，他們不得不抓緊床上的扶手。他們在紐約只有一個親戚，也就是路易斯的姊姊莎莉。莎莉十年前就已移民美國。路易斯和蕾吉娜帶的錢，只夠過幾個星期。那個年代很多移民都這樣，靠著一股信念勇闖新大陸。

路易斯和蕾吉娜在曼哈頓下東區的愛烈治街（Eldridge Street），找到一間小小的公寓棲身，月租八美元。不久，路易斯上街去找工作。他們看到街上有很多人推著手推車叫賣雜貨、水果等，街道兩旁也都是路邊攤。這裡市聲鼎沸，人來人往，和他知道的舊世界完全不同。一開始，他有點不知所措，不久就精神抖擻。他去姊姊在拉德洛街（Ludlow Street）開的魚店，向她批了兩桶鯡魚，到街上擺了個魚攤。他用德語叫賣：

好吃的鯡魚來囉
煎煮烤炸樣樣好
男女老少都喜歡
餐餐吃到飽

賣了一星期，淨賺八美元，半個月後，賺了十三美元。雖然賣鯡魚的收入還可以，但這對夫妻覺得這樣擺攤，沒什麼賺大錢的希望。路易斯決定用手推車沿街叫賣毛巾、桌巾，結果生意不好，又換賣其他商品，如筆記本、香蕉、襪子和絲襪。這樣沿街叫賣就有未來嗎？眼看著蕾吉娜肚子裡的孩子就要呱呱落地，路易斯心想，他一定要趕快找到生財之道。畢竟，他現在要養的是四口之家。

他在下東區大街小巷整整走了五天，毫無斬獲，萬念俱灰。天快黑了，他還沒吃午餐，於是找了個箱子翻過來當椅子，拿出蕾吉娜為他準備的三明治來吃。他發現這裡到處都是成衣店，各式服裝、各種尺寸都有，包括西裝、洋裝、連身工作服、襯衫、裙子、女衫、褲子等。這和他在東歐的老家不同，他們若不是自己手工縫製，就是去裁縫那裡訂做。他突然靈光一閃。

路易斯說：「最讓我驚奇的，不是衣服的質料，而是這種生意本身就像奇蹟一般。在美國，即使是窮人，也不必耗費時間做衣服，去商店買就成了，而且物美價廉。我認為這種生意大有可為。」多年後，他已成為一家女裝和童裝的工廠大老闆。

於是，他準備了一本小筆記本，走到各個地方，記錄當地人穿的衣服種類、樣式和商店拍賣的東西，包括男裝、女裝和童裝。他想找出一種「新鮮的產品」，也就是一般人都會穿，但還沒有人賣的服飾。他在街上走了四天，最後一天傍晚，在回家的路上，看到有三、四個小女孩在玩跳房子，其中有一個在洋裝上面加了一條小小的繡花圍兜。他突然想到，前些日子在下東區做市場調查時，沒看過有人賣這種圍兜。

他回家後，把這個發現告訴蕾吉娜。蕾吉娜有部老舊的二手裁縫車，是他們剛到美國的時候買的。第二天一早，路易斯去海斯特街（Hester Street）買了一百碼的格子布和五十碼的白布。回到小小的公寓，他把這些布料擺在餐桌上，蕾吉娜隨即動手剪裁、縫製，預計要做四十條的小圍兜和圍裙。半夜，她上床睡覺後，路易斯接著做一些剩餘的工作。第二天清晨，她開始開鈕扣孔、縫鈕扣。到了早上十點，全部完工了，路易斯急忙把這些圍兜和圍裙拿到海斯特街去叫賣。

「漂亮的寶寶圍兜，小女孩圍裙！格子的十分錢，純白的十五分錢！小女孩圍裙！」到了下午一點，已經全部賣光了。

他高興得飛奔回家，對蕾吉娜大叫：「孩子的媽，我們可以做生意了！」

他興奮地把蕾吉娜抱起來旋轉。

「妳一定要幫我。我們必須同心協力！孩子的媽，我們就靠這個了！」

在世界成衣重鎮紐約發跡

像傅榮、博根尼希和簡克洛這樣的猶太移民，與十九世紀和二十世紀初來到美國的移民不同。那些愛爾蘭和義大利移民，都是來自歐洲窮鄉僻壤的農民或佃農；猶太人則不同，幾個世紀以來，他們無法擁有自己的土地，只能聚集在城鎮做生意。在一戰爆發前三十年左右來到愛麗絲島（Ellis Island）的東歐猶太人當中，七〇%都有專業技能，有人開小雜貨店或珠寶店，有人做書本裝幀或當鐘錶匠，還有更多的人以前是裁縫，能製作衣服、帽子，從事毛皮加工或皮革鞣製。

像路易斯·博根尼希在十二歲那年，就離鄉背井到波蘭布爾澤斯卡（Brzesko）的商店去當夥計。他一發現有家布莊在徵人，就不假思索地跳槽了。他說：「在那個年代，我們吃的、住的都很簡單，對穿的布料則比較講究。布莊的人每年都會在歐洲各地購買高級布料，他們就像商場上的王子，大家都對他們洗耳恭聽，備受尊重。」

路易斯跟著布莊老闆艾普斯坦（Epstein）做了一陣子，就搬到鄰近一個叫作賈斯羅（Jaslow）的城鎮，在布蘭德斯塔特商行（Brandstatter）工作。年輕的路易斯在這家商行成為布料的行家，他能分辨幾十種布料的不同，只要摸一下，就可以告訴你這塊布每吋的紗支數目、是哪家工廠製造的、是什麼地方的產品。幾年後，路易斯到匈牙利發展，在那裡遇見了蕾吉娜。蕾吉娜十六歲就開始當裁縫了。這兩人很有生意腦筋，一起開了好幾家小布店。

路易斯那天傍晚在海斯特街路邊的靈感，並非憑空出現的。他本來就是歐洲布莊的老將，太太又是手藝精巧的裁縫。這就是他們的專長。路易斯和蕾吉娜在他們住的小公寓縫圍兜的時候，還有好幾千個猶太移民也在家裡做裁縫。在二十世紀初期的紐約，成衣業的主力就是這些來自東歐的移民。路易斯說：「我們猶太人在新世界落地生根之後，一個個變成工作狂。」

今天，紐約已是大都會的心臟，我們很容易忘記那些猶太移民的貢獻。他們從十九世紀末到二十世紀中期，把他們的技能帶來，開創了成衣業，促使紐約成為繁華之地。那時，紐約是全世界的成衣重鎮，大多數的工人都是做成衣的。百老匯足足有半條街都是成衣工廠，做的是外套、帽子或內衣，不知有多少男女工人都努力地踩著裁縫車。從時代廣場來到蘇荷區和翠貝卡區（Tribeca），有很多十層或十五層樓高的倉庫。如果你在一八九〇年代來到紐約，又有做布莊或裁縫的背景，那就走運了。就像你在一九八六年來到矽谷，而且已經有一萬個小時寫程式的經驗。

社會學家史坦伯格（Stephen Steinberg）說道：「這些猶太移民在最好的時機、帶著絕佳的工作技能，來到紐約。只有勤奮工作才能把握這樣的機會。他們不但願意犧牲，而且克勤克儉，審慎投資。他們以工作技能灌注在這片土地之上，促使成衣業蓬勃發展。」

博根尼希夫婦以及其他幾千個移民，飄洋過海來到美國。他們得到機會之神的眷顧，他們的子子孫孫也是。這些成衣工人代代相傳的奮鬥精神，就是他們在新世界嶄露頭角的關鍵。

當自己的老闆

路易斯和蕾吉娜賣完第一批貨的第二天，路易斯就去克拉夫林公司（H. B. Claflin and Company）買布料。克拉夫林公司是家賣雜貨的委託行，就像波蘭的布蘭德斯塔特商行。路易斯會說的英語沒幾句，所以請店家派一個會說德語的夥計來跟他談。他手裡握著他和蕾吉娜一生的積蓄——一百二十五美元——他要用這筆錢買布料，打算做十打圍兜或圍裙。他和蕾吉娜不分晝夜地剪裁、縫紉。結果，那十打兩天就賣完了，他又得去克拉夫林買布。一樣很快就賣光了。不久，他和蕾吉娜雇用了一個剛下船的移民幫忙照顧孩子，好讓蕾吉娜專心工作。後來又雇用了一名助手。路易斯甚至跑到哈林區去叫賣。他在警長街（Sheriff Street）租了個店面，後面當住家，又雇了三個女孩，也買了新的縫紉機。這時，大家都叫他「圍裙先生」。他們的生意好得不得了，一做好就全部賣光。

接下來，他們決定增加產品線，開始做成人用的圍裙、背心和女裝。一八九二年一月，博根尼希家已請了二十名工人，大都和他們一樣是猶太移民。他們的工廠就在下東區，客戶也愈來愈多，包括另一個猶太家庭在上城開的店，也就是布魯明岱爾百貨（Bloomingdale）。我們可別忘了，博根尼希來到紐約才三年，幾乎還不會說英語，也還沒致富。他們賺的錢都拿來投資成衣廠了，所以手頭沒多少現金。路易斯說，那時他的銀行存款只有兩百美元。但他已是能夠掌握自己命運的人。

這是他們發展成衣業的第二個優勢。他們不只成長得很快，而且已經具有企業化的雛形。衣服都不是在一家大工廠內製成的，幾家負責設計和準備布料，還有一些小承包商負責縫紉、熨平、縫鈕扣等。任何一家工廠，業務量發展到某個程度，就會開始設計自己要的服裝樣式，並選擇布料。在一九一三年，光是紐約一地的成衣廠就多達一萬六千家，很多都是像博根尼希夫婦在警長街上開的店。

史學家蘇義爾（Daniel Soyer）論道：「成衣業的入行門檻很低，只要有一部縫紉機就成了，而且縫紉機並不貴。」蘇義爾寫了不少有關紐約成衣業發展史的文章。他又說：「因此，不需要多少資本。在二十世紀初期，大約五十美元就可以買到一、兩部縫紉機。如果你要承攬生意，只要有幾部縫紉機、幾台熨斗，和一、兩個工人就行了。雖然淨利很少，還是能賺錢。」

路易斯．博根尼希提到當初他是怎麼決定擴展業務的：

就我對市場的研究，我知道在一八九〇年只有三個人做童裝，一是在東區的一個裁縫，但他只幫客戶量身訂做；另外兩個賣的童裝都很貴。我不想和他們競爭，我想賣一些「平價」的衣服，包括耐洗的、絲質的和毛料的。我的目標是生產一般民眾都買得起的衣服，而且不管在大城市或小鄉鎮都能賣得好的。蕾吉娜可說是我的賢內助，她有絕佳的品味和判斷力。我聽她的建議，做了一些樣本，然後給我的老客戶和朋友看。我強調我們生產的成衣方便實惠，做母親的就不必花那麼多時間為一家大小做衣服，而且我們的質料和縫工都好多了。再者，價格便宜，破了、舊了就丟，一點都不可惜。

路易斯了解，他要跟更大的公司搶生意，唯一的機會就是直接跟大盤商買布料，去除中盤商的剝削。於是他去見羅倫斯公司（Lawrence and Company）的賓翰（Bingham）先生。這個大老闆是洋基佬（Yankee），瘦瘦高高的，留著白鬍子，有著灰藍色的眼珠。站在他面前的，則是一個有黑眼圈的波蘭老粗，操著一口難以入耳的破英語。路易斯說，他要買四十箱喀什米爾毛料。賓翰覺得很不耐煩，他都是出貨給中盤商，從不曾跟任何一家公司打交道，更何況是警長街的一家小店。

「你吃了熊心豹子膽了？居然跑來要我幫忙！」賓翰大怒。但最後，他還是同意把布料賣給路易斯。

路易斯一天工作十八個小時。不只是做衣服，他還做市場調查、研究現代經濟，學習跟傲慢的洋基佬談判，而且努力融入大眾文化，以了解最新的流行風尚。

但在同一時期來到紐約的愛爾蘭和義大利移民，就沒有這種優勢。他們沒有在都會區做生意的腦筋，一般當勞工、僕人或建築工地的工人。這種工作即使做了三十年，還是對市場經濟和製造業一竅不通，不了解大眾文化，也不知道如何和老闆談判。

又如在一九〇〇年和一九三〇年之間，移民到加州的墨西哥人，幾乎都是在農場裡種植蔬果，還是像封建制度下的農民，只不過工作地點從墨西哥換成加州。蘇義爾又說：「雖然在紐約的成衣工廠當工人也好不到哪裡去，但至少能懂一點生意經。如果你在加州的農場工作，你完全不知道你們生產的蔬果被卡車載到哪裡去賣。然而你若是小成衣廠的工人，雖然工資低，工作環境惡劣，工時又長，至少你知道老闆是怎麼經營的，說不定哪天你也自己開店當老闆。」[4]

路易斯晚上回家見到孩子的時候，幾乎累得不成人形，但他至少還活著，是自己的老闆，為自己的決定和方向負責。他既勞力又勞心，但努力就有報酬。他和蕾吉娜工作得愈晚，縫製更多的圍裙，第二天就能賺到愈多錢。其實，不管一天從早上九點做到下午五點能賺多少錢，只要有工作的自主權、能手腦並用，而且一分耕耘一分收穫，就是令人滿意的工作。工作是否讓人有成就感才是最重要的。如果有兩種工作讓你選擇，

4 很多美國猶太移民留在歐洲的家人和親戚，都慘遭納粹屠殺。雖然他們很走運，不但免於遭到納粹毒手，還可以在新世界發展；但思及親友的不幸，不免覺得悲痛。路易斯．博根尼希在一九四二年出版的傳記書名為《最幸福的人》（*The Happiest Man*），筆調樂觀、向上。如果他的書是在一九四五年出版，納粹的恐怖屠殺已經公諸於世，他就不會用那樣的書名了。

往後的每一天你都必須做這樣的工作，一種是當建築師，年薪七萬五千美元；另一種則是在高速公路收費站工作，年薪十萬美元——你會選哪一種？我猜你可能會選擇當建築師，因為這種行業有自主性、必須運用頭腦，而且努力就能得到回饋。對大多數的人來說，這些都比金錢要來得可貴。

具有這些特質的工作，就是有意義的工作。當老師是有意義的，當醫生也是有意義的，當企業家也是。雖然成衣業競爭激烈、非常辛苦，還是讓博根尼希這樣貧苦的猶太移民得以找到有意義的工作。[5] 路易斯．博根尼希想到可以賣圍兜那天，回到家高興得跳起舞來。雖然他還沒開始賣，依舊一貧如洗，也知道這樣的工作並不輕鬆，但他還是欣喜若狂。工作的辛苦對他而言不是負擔。比爾．蓋茲在湖濱中學就讀，第一次坐在電

5 我說成衣業是有意義的工作，不是特別美化這一行。做成衣非常辛苦，需要大量的勞力，不是一般人做得來的。根據一八九〇年代的調查，成衣工人每週工作時數平均是八十四個小時，差不多一天工作十二個小時，超過十二個小時是家常便飯。德瑞爾（David Von Drehle）在《三角街火災：改變美國的事件》（*Triangle: The Fire That Changed Amierca*）一書中描述如下：「在那個年代，常常可見工人坐在板凳或一張破椅上，彎腰駝背地踩著縫紉機或熨衣服。他們清晨五點就必須上工，晚上九點才下班，每週工作時數超過一百個小時。據說在出貨旺季，整個下東區，不管白天或黑夜，縫紉機的聲音幾乎不絕於耳。」

腦前面，想必也有這種感覺。披頭四即使聽到俱樂部的老闆宣布，他們必須一個晚上演唱八個小時，一星期七天都要上台，也沒有嚇到腿軟。他們都牢牢把握住眼前的機會。工作如果沒有意義，就跟坐牢沒什麼兩樣。路易斯因為發現工作的意義，所以高興得摟著太太的腰跳舞。

就紐約成衣業締造的奇蹟而言，最大的受惠者就是那些工人的子女。試想，路易斯和蕾吉娜的孩子從他們身上看到什麼。他們就像將近一世紀之後的艾力．威廉斯。了解這樣的道理：**如果你夠努力，不怕表達自己的意見，好好利用自己的頭腦和想像力，就能一手掌握自己的世界。**當然，你要是想當醫生或律師，都不是問題。

專業人士的搖籃

一九八二年，社會研究所的研究生法卡斯（Louise Farkas），在紐約市和邁阿密海灘的養老院和養生村，進行調查研究。她要調查的對象，就是像博根尼希夫婦一般，在二十世紀初來到紐約發展的猶太移民和他們的子女。她為每一位接受調查訪問的對象建構家族樹，並記錄一個家族四代從事的職業。以下就是她對「第十八號個案」的描述（圖5-1）：

俄國移民，在家鄉是以裁縫為業，到美國之後，則在成衣工廠當廉價勞工。後來，在家做成衣加工，太太、小孩也一起幫忙。為了增加收入，晚上也工作。接下來，他開始做衣服，拿到街上去賣。賺了錢，就開了店。他們賣的是男裝。由於他們賣的衣服品質很好，很快就供不應求。後來，他們開了成衣廠，供貨給好幾家男裝店……他們生意興隆……孫子都接受高等教育，成為專業人士。

另一個案則是來自波蘭的移民，十九世紀末來到美國，以鞣皮製革營生（圖5-2）。

法卡斯的家族樹紀錄有很多頁。你會發現，每個家族的故事都很相似，最後得到這樣的結論：這些家族的子孫，並不會因為生在貧賤之家就沒有出息，這樣的出身正是他們成為醫生或律師的主要原因。

七、八〇年代最有名的律師傅萊德曼回憶，小時候常跟母親去卡內基廳聽音樂會。他們很窮，住在布朗克斯貧民區，哪有錢買音樂會的票？傅萊德曼說：「那裡有個收票員叫瑪麗，只要給瑪麗二十五分錢，她就讓你進去了。你可以站在二樓樓廳旁邊，不用

圖5-1

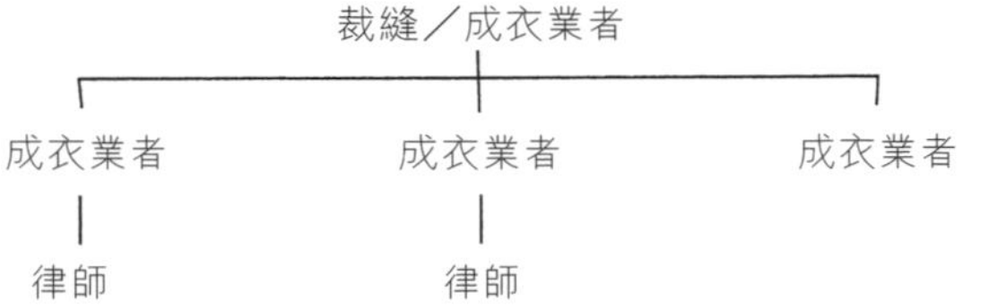
裁縫／成衣業者
成衣業者
成衣業者
成衣業者
律師
律師

圖5-2

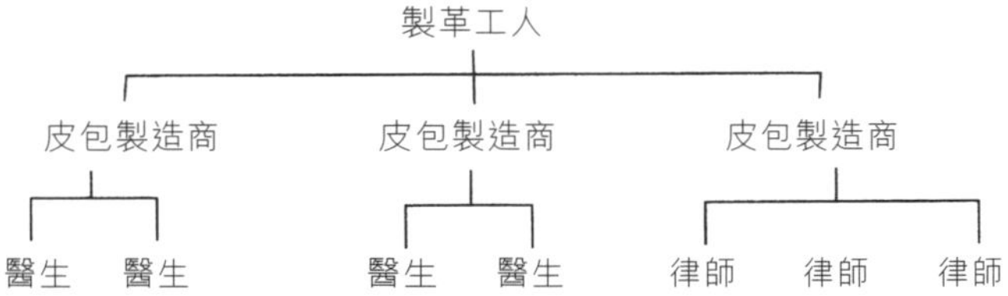
製革工人
皮包製造商
皮包製造商
皮包製造商
醫生
醫生
醫生
醫生
律師
律師
律師

圖5-3

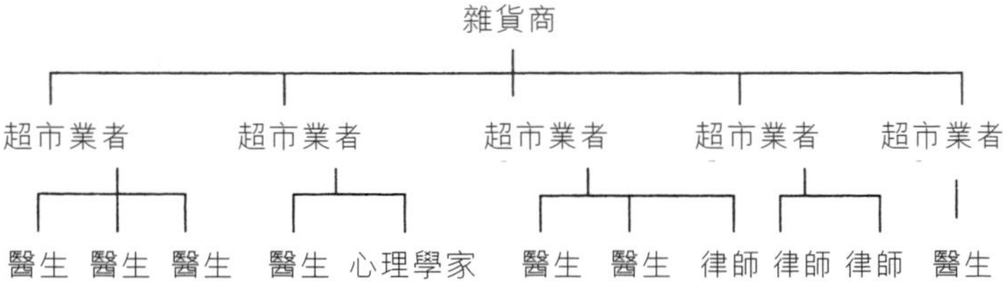
雜貨商
超市業者
超市業者
超市業者
超市業者
超市業者
醫生
醫生
醫生
醫生
心理學家
醫生
醫生
律師
律師
律師
醫生

買票。卡內基廳完全不知道這件事。這是我們和瑪麗之間的祕密。雖然我們家離卡內基廳有點遠，但我們一個月總會去個一、兩次。」[6]

傅萊德曼的母親是俄國移民，會說的英語沒幾句。但她十五歲就去學裁縫，後來成了優秀的工會幹部。她告訴我們：如果你有說服力、動機夠強，就能排除萬難，帶你的孩子去卡內基廳聽音樂會。對從小就渴望當律師的兒子來說，這無疑是寶貴的一課。成衣工廠其實是專業人士的搖籃。

傅榮的父親是做什麼的？他在成衣工廠縫製女裝肩墊。歐本海默的父親呢？他也是做成衣的，是路易斯．博根尼希的同行。傅榮在世達法律事務所有個同事叫葛芬柯（Barry Garfinkel），他的辦公室又比傅榮更高一層，他差不多和傅榮同時進事務所，多年來一直是訴訟部門的主管。葛芬柯的母親是做什麼的？她在家做帽子。路易斯和蕾吉

6 一般人總認為猶太人能夠成功是因為他們注重學問。猶太人愛讀書是有名的。當然，好學和成功是有點關聯。但是上法學院的多半不是拉比的孩子，而是成衣工人的孩子。成衣工人的孩子能這樣出人頭地，當然不是努力研究經典《塔木德》的結果。他們除了聰明、深諳處世之道，小時候看到父親在海斯特街上叫賣圍兜也有影響。

娜的兩個兒子從事什麼行業？兩人都是律師，而他們的孫子女至少有九個當律師或醫生。

法卡斯的家族樹更是驚人。他們是來自羅馬尼亞的猶太人，在家鄉開了家小雜貨店，後來到紐約發展，也是在下東區開雜貨店。為什麼這個世上會出現傅榮這樣的傳奇人物？圖5-3就是最好的解答。

——

如果你在曼哈頓城，從世達法律事務所往北走，經過十個街口就到了另一家法律事務所。據說這家就是全世界最好的法律事務所，他們也是傅榮的死對頭。

那家事務所設在有名的黑岩大樓，能被他們錄用可說是一樁奇蹟。紐約很多大事務所旗下總有數百位律師，在世界各地都設有辦事處。但那家事務所不同，他們只有黑岩大樓這個據點。他們對客戶的篩選非常嚴格，拒絕的案子要比承接的來得多。一般律師都是算鐘點費，他們不一樣，直接報個數字。有一次，他們接了凱瑪超市（Kmart）反購併的案子，開出的價碼是二千萬美元，工作時間只有兩個星期，凱瑪超市還覺得很划算，痛痛快快地付了錢。那家事務所的律師如果沒有比你聰明，也一定比你認真；如果沒你認真，還是會讓你害怕，把你痛宰一番。二十年來，全世界的律師年收入沒有比他們更高的。傅榮的辦公室牆上除了掛著他和老布希及柯林頓的合照，還有一張則是他本人與那家事務所營運合夥人的合照。

如果要成為紐約頂尖律師，顯然必須聰明、有野心，還要非常努力，黑岩大樓那家事務所的四位創辦合夥人，完全符合這幾個條件。然而，就我們所知，還不只是這樣。成功不是隨機的，我們可以從環境和機會因素來預測。既然我們已經知道比爾．喬伊、比爾．蓋茲、曲棍球職業選手、天才、傅榮、簡克洛、博根尼希等故事，應該不難預測紐約頂尖律師的出身。

這樣的律師應該是生於人口低谷期，因此得以進入紐約最好的公立學校。當然，他是猶太人，因為這樣的「出身」，進不了紐約最大的法律事務所；儘管退而求其次，還是不難找到工作。他的父母是在成衣業苦幹實幹的工人，他們告訴孩子，什麼樣的工作是有意義的。他必須在好的學校受教育，用不著進名校，合乎水準以上即可。他不一定是班上最聰明的學生，只要夠聰明就行了。

其實，我們的預測可以再準確一點。我們已知要成為十九世紀的美國企業大亨、或二十世紀電腦業鉅子，最好生在哪一年。紐約猶太律師呢？答案是一九三〇年，也就是最少人出生的一年。到了一九七〇年，他已經四十歲，在法律界革命風潮來臨時，已經在購併的領域磨練了十五年。那些大律師事務所的公子哥兒，則不屑承接這方面的業務。如果你要成為華爾街的大律師，出身不必太好，父母最好是勤奮的勞工，而且做的工作是有意義的，如果能生在三〇年代，更是再好不過了。有了這些優勢，再加上能做別人做不到的，以及有強烈的工作動機和驅力，要想不成功也難，就像在一月一日出生的曲棍球選手。

這家位在黑岩大樓的事務所，就是華利羅卡法律事務所（Wachtell, Lipton, Rosen & Katz）。創辦人是赫伯特・華契爾（Herbert Wachtell），生於一九三一年，父母是來自烏克蘭的移民，家住布朗克斯區凡・柯特蘭公園（Van Cortland Park）對面的成衣工人聯合工會住宅。他的雙親都是猶太人，父親、伯伯、叔叔後來合夥開了家女性內衣公司，公司就在蘇荷區百老匯大道和春天街（Spring Street）交叉口一棟樓房的六樓。華契爾四〇年代在紐約的公立學校就讀，接著進入城市學院，後來上紐約大學法學院。

第二位合夥人是馬丁・利普敦（Martin Lipton），生於一九三一年，父親是猶太移民，在工廠當領班。他在澤西市（Jersey City）的公立學校就讀，賓州大學畢業之後進入紐約大學法學院。

第三位合夥人是李奧納・羅森（Leonard Rosen），一九三〇年生，小時候和父母住在布朗克斯區，洋基球場附近，生活貧困。父母是來自烏克蘭的猶太移民，父親在曼哈頓的成衣工廠當熨衣工人。羅森四〇年代在紐約公立學校就讀，接著上城市學院，畢業後進了紐約大學法學院。

第四位合夥人名叫喬治・卡茲（George Katz），生於一九三一年，小時候住在布朗克斯的小公寓，家裡只有一個房間。祖父母是來自東歐的猶太移民，父親是賣保險的，祖父也住在他們家附近，以前是做裁縫的。卡茲四〇年代在紐約公立學校就讀，然後是城市學院，後來進入紐約大學法學院。

想像這四名猶太年輕人，剛從法學院畢業，在馬吉羅斯事務所的豪華接待室，準備與合夥人面試，坐在他們旁邊的是一個出身名校、金髮碧眼、家世顯赫的青年才俊。這五個人誰會最成功？或許我們會猜金髮碧眼那個。那就錯了！在紐約，有許許多多的華契爾、利普敦、羅森、卡茲和傅榮，具備白人世家子弟所沒有的特質。他們的世界、他們的文化和家庭背景，給了他們最好的機會。

PART 2 遺澤

LEGACY

CHAPTER

6

以血還血

要死，也要像個男人，像你哥哥那樣！

在肯塔基東南邊阿帕拉契山區的坎伯蘭高原（Cumberland Plateau）上，有個叫作哈倫（Harlan）的小鎮。

坎伯蘭高原是片蠻荒山地，群峰如牆，高約一百五十公尺到三百公尺，谷地狹窄，只能容納一條小徑或小溪。這裡剛出現聚落之初是片濃密的原始林，林中的狹長草地和山腳下長了巨大的百合樹，有的樹幹直徑甚至達兩公尺以上，兩側還有白橡樹、山毛櫸、楓樹、胡桃樹、懸鈴木、白樺、柳樹、雪松、松樹、鐵杉，所有的樹上都爬滿了野葡萄的藤蔓，這裡就是北半球林貌最變化多端之處。大樹底下，熊和獅子四處走動，響尾蛇橫行無阻，樹上則是松鼠的地盤。在土壤之下，則有厚厚的煤層。

一八一九年，八個來自英倫北部的家庭在哈倫落腳，開墾出一個聚落。他們的祖先在十八世紀來到維吉尼亞州，後來又西行，進入阿帕拉契山區找尋土地。哈倫不是肥土膏壤之地，在開墾的頭一百年，人口一直非常稀少，很少超過一萬人。在此墾殖的第一代，在山腳下飼養豬羊、在山谷裡種植作物為生。他們在後院釀造威士忌、劈柴，春天積雪融化、河水高漲時，則坐船自坎伯蘭河上游漂流而下。在二十世紀之前，要到最近的火車站，得先坐兩天兩夜的馬車。要離開哈倫這個小城只有一條路，即沿著陡峭的松林山（Pine Mountain）往上走個十五公里左右，再轉入一條泥濘、崎嶇的車道。由於哈倫這個小城與世隔絕，附近很少人知道這個地方。幾百年來，住在哈倫的幾乎都是當初拓荒的兩個家族後代，即何華德（Howard）家族和特納（Turner）家族，但這兩個家族卻是世仇。

何華德家族的大家長是山繆．何華德（Samuel Howard），哈倫城的法院和監獄是他蓋的。透納家的大家長則是威廉．特納（William Turner），小城的客棧和兩家商店都是他開的。一天，暴風雨吹垮了特納家的籬笆，鄰居的牛跑到他們的土地上吃草。威廉．特納的孫子「魔鬼吉姆」，於是拿起獵槍將那頭牛射殺，鄰居嚇得遠走他鄉。還有一次，有個人在當地開了店，成了特納家的競爭對手。特納家的人撂下狠話：有膽就開吧。那人倉皇之下，趕緊把店收了，搬到印第安那州。

有一晚，何華德家孫子小威和特納家孫子小鮑在打撲克牌，兩人都指控對方詐賭，於是打了起來。第二天，他們又在街上碰面，冤家路窄，拔搶相向。在這陣槍林彈雨中，小鮑胸膛開花，倒在血泊中。特納家有一票人跑到何華德家興師問罪，辱罵他們家的老母親；何華德家的老母親，便向兒子偉斯訴說受辱的委屈。沒幾天後，偉斯在去維吉尼亞州哈根鎮（Hagan）的路上，碰到了特納家的孫子阿韋，又廝殺了起來。那天晚上，特納家的某人夥同友人攻擊何華德家。兩家就在法院外邊血鬥，特納家的阿韋中彈身亡。何華德家派了個和事佬去見阿韋和小鮑的媽媽，希望紛爭到此為止。那個傷心的母親，指著兒子被殺身亡的地點說：「這筆血債，你們非還不可！」

兩家就此陷入血海深仇，無可自拔。何華德家的偉斯，在硫泉（Sulphur Springs）附近碰上特納家的小喬治，就把小喬治殺了。不久，又對特納家的朋友凱伍德（Cawood）一家下手，殺了三個人。治安官前去捉拿何華德家的人，結果死傷六人。偉斯聽說特納家要他的人頭，為了先下手為強，就和一個朋友去攻擊特納家；不料半路遭到埋伏，友人喪命。偉斯又跑回特納家對他們開槍，又殺死了一個人。最後，何華德家被治安官包圍，又是一場槍戰，更多人死了。仇恨幾乎毀了哈倫這個小城。在十九世紀的美國，很多鄉鎮的民眾都過著和諧、平靜的日子，肯塔基的哈倫卻是個暴力之城。

特納家的小弟在法院附近與何華德家的人槍戰受了傷，一跛一跛地走回家，因疼痛而不住呻吟。媽媽看了，也只撂了一句：「要死，也要像個男人，像你哥哥那樣！」於是他乖乖閉上嘴，嚥下最後一口氣。

逞凶鬥狠的放牧生活

假想，你在十九世紀末被派到哈倫調查何華德和特納家族的仇殺事件。你把兩個家族還活著的人都叫來，仔細調查。你調閱文件，聆聽證人陳述，細讀法院卷宗，直到你全盤了解為止。

你能知道多少？其實不多。你知道這兩個家族有不共戴天之仇，你也知道特納家及其親友有不少人死在偉斯．何華德的槍下，他該被關在監獄。但是你必須從更宏觀的角度來看，才能看清整個事件的來龍去脈。

關於哈倫這個腥風血雨的小城，第一個關鍵事實是，何華德與特納互相仇殺。然而在阿帕拉契山區，像哈倫這樣的城鎮並非特例。例如，在哈倫附近的西維吉尼亞和肯塔基邊界，哈特菲爾德（Hatfield）與麥考伊（McCoy）家族，也陷入暴力的惡性循環，冤冤相報二十載，雙方死亡的親友多達數十人。在肯塔基派瑞郡（Perry County, Kentucky），法蘭區（French）和艾佛索（Eversole）兩家族勢不兩立，共有十二人在爭鬥中死亡，其中六人都是「壞蛋湯姆」殺的（普立茲獎記者培爾斯〔John Ed Pearce, 1917-2006〕曾在《黑暗歲月》〔*Days of Darkness*〕一書中，描述「壞蛋湯姆」其人其事：「這人原名湯姆．史密斯（Tom Smith），因為愚笨所以天不怕地不怕，僅有的一點點聰明，都用來想壞點子。他的槍法極準，百發百中。」）在肯塔基的羅文郡（Rowan County），馬丁（Martin）和托里佛（Tolliver）兩大家族，一八八〇年代中期就曾發生三次槍戰、三次突擊，以及兩次的住家攻擊事件。最後一次血戰為時兩小時，雙方共有一百人持槍加入。一八〇六年，肯塔基克雷郡（Clay County）的貝克（Baker）與郝沃德（Howard）家族，在獵鹿派對發生衝突而結仇，雙方纏鬥不休。直到一九三〇年代，三個貝克家的人遭到兩個郝沃德家的人伏擊，這場百年冤仇才畫上句點。

上述都是美國史上有名的世仇，較罕為人知的不知又有多少。肯塔基議員柯狄爾（Harry Caudill），曾在坎伯蘭高原一個叫作布雷西特（Breathitt）的小鎮查看巡迴法庭資料，發現自一八六〇年代內戰結束後到二十世紀初，在當地共有一千人以上因謀殺案遭到起訴。在那個鳥不生蛋的小地方，居民還不到一萬五千人，就有那麼多樁謀殺案，次一等的罪行更是多不勝數。柯狄爾說道，在這血腥小鎮，曾有個年約五十，蓄著濃密八字鬍的男人，拿著兩把大型手槍走到法官前面，把法槌搶過去：

那個人宣布：「休庭了，大家可以走了。本庭期已經結束，不會再開庭了。」法官面紅耳赤，不敢表示意見，飛快地逃離這個小鎮。下個庭期開始，法官和警長在六十名軍人的嚴密保護下開庭了，然而被告不見蹤影，原來他早就被暗殺，成了路旁的一堆屍骨。

若只是兩個家族的人殺來殺去，就是世仇。然而若在同一個山區，有許多這樣的小鎮都出現這種家族互相械鬥、殺戮的事件，就不只是家族的衝突事件，而是一種社會現象。

阿帕拉契山區的人，為什麼這麼喜歡逞兇鬥狠？多年來，社會學家一直針對這個現象進行調查、研究，結果發現這個地區的人似乎榮辱心特別強烈。

在其他邊陲、貧瘠之地，我們也可以發現那裡的居民都有很強烈的榮辱心，如西西里島、西班牙的巴斯克山區。如果你住在不毛、多石的山邊，就無法耕種，只能豢養山羊或綿羊。放牧和務農是非常不同的兩種文化。農夫注重團結合作，大家共存共榮，但牧人只能靠自己。農夫比較用不著擔心晚上會有人來偷作物，但牧人則不能這樣高枕無憂，常常提心吊膽，害怕有人會趁他不注意時偷走牲畜。因此，牧人必須做出凶狠的姿態，讓別人知道他不是軟弱、好欺負的，即使是受到一點屈辱，也必然會給對方好看。這也就是為何他們的榮辱心會特別強，因為這關乎他們的生計和自我的價值觀。

研究希臘放牧文化的民族誌學家坎貝爾（J. K. Campbell）論道：「對年輕牧人來說，第一次與人衝突，是他生命中的關鍵時刻。這種衝突發生在公共場所，如咖啡館、村子裡的廣場等，更常發生在牧區交界處。例如他的羊走到別人的牧地上，對方就用石頭修理他的羊或咒罵他，他必然忍無可忍，雙方因而發生激烈衝突。」

阿帕拉契山區民風彪悍的另一個原因是，他們的祖先都來自所謂的「偏遠地區」，從賓州邊界往南，經維吉尼亞、西維吉尼亞、肯塔基、田納西、北卡羅萊納、南卡羅萊納到阿拉巴馬和喬治亞的北部。這些地區的殖民者幾乎清一色是蘇格蘭—愛爾蘭人後裔，祖先源於蘇格蘭低地、英格蘭北部和北愛爾蘭的阿爾斯特（Ulster）。

幾百年來，在那偏遠地區的居民，無不為了劃分地盤爭個你死我活。這裡的人都在貧瘠不毛的山上討生活，為了對抗嚴酷的環境，每個家族的人也就格外團結。哈倫的殖民者就是如此。

史學家費雪（David Hackett Fischer）在《亞爾比恩的族裔》（*Albion's Seed*）一書中論道：

> 對首批踏上新世界的殖民者而言，偏遠地區是個危險的環境，就像英國過去的邊境地帶。南方高地的大部分土地，就像無政府的蠻荒之地，地權歸屬很難劃清。住在這裡的人也很適應這種無政府狀態，發展出以家為國的草莽文化，有他們的戰士精神，農牧經濟自成一格，對土地、財富、工作和權力也有既定的態度。由於他們的適應生存非常成功，也成為其他族群模仿的對象。蘇格蘭—愛爾蘭後裔能在這片「黑暗與血腥之地」繁衍，除了他們人數眾多，最主要的原因就是，他們能在原始、危險的世界中求生存。[1]

由於這些在美國阿帕拉契山區的殖民者具有強烈的榮辱心，誓言「以牙還牙，以血還血」，這也就是為何這裡特別多血腥暴力事件，其他地區謀殺案的發生率都沒有這麼高；但這裡的侵犯財產罪和行凶搶劫案則較少。社會學家里德（John Shelton Reed）論道：「在阿帕拉契山區，被殺的人和殺人者幾乎都互相認識，雙方也很清楚被殺的原因。」里德又說：「從統計數字來看，這個地區的人和其他地方的美國人一樣，知道避免糾紛和通姦，以求自保，然而會發生暴力衝突事件，不是為了財物，而是和個人榮辱有關。那裡的人會為了自己的榮譽奮戰到底。」

里德曾引述，美國南部一個名叫卡特（Hodding Carter）的新聞記者年輕時在阿

1 費雪在《亞爾比恩的族裔》一書中，以雄健、動人的筆調探討文化精神對歷史的長遠影響（我在《引爆趨勢》〔*The Tipping Point*〕中提到的保羅．李佛〔Paul Revere〕傳奇，就引自費雪寫的《李佛夜奔》〔*Paul Revere's Ride*〕一書）。費雪在《亞爾比恩的族裔》中論道，在美國殖民史的頭一百五十年，來自英國的殖民共分四支：最先是一六三〇年代從東英格蘭到麻州落腳的清教徒；第二支是來自英格蘭南部的喀爾文教派及其契約傭僕（即為了取得移居北美殖民地的機會，簽下無償工作的契約，以換取免費的船票、衣物、食物和住所），他們在十七世紀中葉踏上維吉尼亞；第三支則是在十七世紀末、十八世紀初，從英國中部北區來到德拉瓦谷地（Delaware Valley）的貴格教徒，最後一支則是十八世紀深入阿帕拉契山區的蘇格蘭—愛爾蘭族裔。費雪論道，這四支各有各的文化色彩，至今美國那四個地區，甚至還看得到當年殖民文化遺留下來的風貌。

帕拉契山區參加陪審團的經過：「被告住在加油站旁邊，儘管這個人脾氣暴躁、人盡皆知，還是有不少去加油的人拿他開玩笑，有些在加油站附近閒晃的人也常取笑他。有一天，他忍無可忍，拿了兩把手槍，瞄準嘲笑他的人，一個當場被射殺死亡，一個永遠成了殘廢，還有一個人受了傷……法官問陪審團，他們如何判決，結果除了卡特，陪審團一致認為被告無罪。他們的意見如下：『如果他不把那些嘲笑他的人槍斃，還算是男人嗎？』只有在這種重視榮辱的文化之下，才會認為這樣殺人是正當的。」

我了解我們不願受種族刻板印象左右，不希望對其他文化族群有先入為主的看法。但事實是，如果你想了解十九世紀的肯塔基小城究竟是怎麼回事，就必須回溯過去，不只是看一、兩代，而是要回到兩百年、三百年，甚至四百年前，看他們是如何從另一個地方飄洋過海來到這裡，也得仔細研究他們活在什麼樣的地理環境下，以何營生。

從阿帕拉契山區注重榮辱的文化來看，出身對一個人的影響很大。所謂的「出身」，不只是你或你父母的成長之地，還包括你的祖父、曾祖父是哪裡人，甚至要看你的高曾祖父是在哪裡長大成人的。這是個奇妙而無可否認的事實。**你愈仔細研究，愈發現文化精神的影響實在無遠弗屆。**

可殺不可辱的南方性格

一九九〇年代早期，密西根大學心理學教授柯恩（Dov Cohen）與尼斯貝特（Richard Nisbett）決定，就榮辱文化進行一項實驗。他們了解幾百年前的英國，對十九世紀肯塔基小城哈倫的影響。但他們好奇的是：今日是否還在那種「遺風」的影響之下？於是，他們找來一群大學生，對他們口出惡言，看他們有何反應。「我們在想，對這群十八歲的男大學生來說，什麼話會讓他們忍無可忍。」柯恩說：「沒多久，我們就想到用『混蛋』（asshole）這個字眼。」

實驗是這樣進行的。密西根大學社會科學大樓地下室的走道很窄，還擺了檔案櫃。科恩和尼斯貝特把一群男大學生一個個叫到地下室的教室填寫問卷，然後請他們把問卷放在走道盡頭，再回到教室。就是這麼簡單，就像考試一樣。對其中一半的學生（即控制組）而言，這的確沒什麼，但另一半學生會碰到研究人員設下的陷阱。那些學生走到走道時，有一個人會故意走到他們前面，拉開檔案櫃的抽屜。走道已經很窄了，這麼一來就變得更窄。學生設法從那個人身旁擠過去，那個人就給他一個白眼，砰一聲把抽屜關上，還用肩膀去撞他，壓低聲音說出關鍵字眼：『混蛋』。」

柯恩和尼斯貝特希望精準衡量那群男大學生的反應。他們觀察他們的臉，記錄憤怒的程度；也握他們的手，看看是否比平常更有力。在那群大學男生受辱的前後，還採集他們的口水樣本，測量睪固酮和可體松的濃度是否升高——這兩種荷爾蒙在面臨壓力和攻擊下都會升高。最後，他們要求學生念出下面這則故事，並做出結論。

吉兒和史提夫一起參加派對，才過了二十分鐘，吉兒就把史提夫拉到一邊。她看起來臉色不好。史提夫問：「妳怎麼了？」

「是賴瑞啦。他明明知道我們兩人已經訂婚，但今晚還一直糾纏我。」說完，吉兒就回去派對跟大夥兒同樂，史提夫決定好好盯著賴瑞，看他的一舉一動。果然不到五分鐘，他又黏上吉兒，還作勢要親吻她。

研究人員問道：你認為史提夫會給賴瑞好看嗎？

學生的反應明顯分為兩派，有一派會受到侮辱的影響，另一派則不會。會有這樣不同的反應，和情緒的穩定度無關，與頭腦好壞無關，和身材高大與否也沒有影響。關鍵在於**他們的出身**。北部出身的學生幾乎都是一笑置之，握手的力度不變，可體松濃度下降，似乎他們的怒氣已在不知不覺間消散了。只有少數幾個人認為史提夫該給賴瑞好看。

南部出身的學生呢？他們可是**氣到七竅生煙**，可體松和睪固酮的濃度急遽升高，握手變得強而有力，每一個人都贊成史提夫把賴瑞好好修理一頓。

「我們還用膽小鬼賽局模型[2]來測試他們的反應，」柯恩說：「我們叫學生回到走道，安排另一個人在轉角的地方等他們。走道很窄，只有一個人可以通過。我們安排的那個人是個身高一九〇公分，體重一百一十公斤以上的彪形大漢，以前參加過大學橄欖球隊，目前在大學酒吧當保鏢。我們要他大搖大擺地從轉角走向學生。我們的問題是：這些學生走到多近才決定閃到一邊？」

對北方出身的學生來說，幾乎沒有差別。不管有沒有受到侮辱，離那個保鏢兩公尺

---

2 譯註：膽小鬼賽局模型最典型的例子就是，讓兩個飆車族迎面對撞，先閃邊的就是膽小鬼，不閃的就是英雄。如果兩人都閃邊，兩個都是膽小鬼；兩個都不閃，兩個都是英雄，但命也沒了。最好的結果是，當活著的英雄，其次是當活著的膽小鬼，最差的則是撞死的英雄。

左右就會閃到一邊。但對南方出身的學生來說，如果沒事，還有三公尺就閃了；但要是受辱，幾乎都和那保鏢面對面才肯閃人。如果你罵南方學生一句混蛋，他就恨不得馬上給你一拳。柯恩和尼斯貝特在這實驗中，從南方學生身上看到榮辱文化的影響。南方人就像肯塔基何華德家的小威，聽到特納家的小鮑說他是詐賭的騙子，就拔槍相向。

十九世紀哈倫人的影子

從這個實驗的結論看來，如果我們的生活環境和祖先差不多，行為也就和他們如出一轍。但參與實驗的南方學生與他們的英國祖先，有如活在兩個不同的世界，再說他們的祖先也未必是英國人，只是在南部地區成長，沒有人從事畜牧，父母也不是做這一行的。這些學生都是二十世紀末的美國大學生，不是十九世紀的人。他們只是家在南方，為了求學大老遠跑到密西根這個北方都市。奇怪的是，**為何這些南部出身的學生，竟有十九世紀肯塔基哈倫人的影子？**

柯恩說：「參與我們研究的學生，家庭年收入都在十萬美元以上，而且是一九九〇年代的十萬美元。他們不是來自貧窮的阿帕拉契山區，或許比較可能是亞特蘭大可口可樂工廠經理的兒子。這就是問題所在：為何幾百年前阿帕拉契山區的草莽文化，對這些嬌生慣養的都市孩子還有影響？」[3]

文化精神是一種強大的力量，根深柢固，源遠流長，即使經濟、社會和人口狀況已有改變，還是能夠代代相傳，影響後代的態度與行為。除非從文化精神的傳承來看，否則我們難以了解這種態度與行為的由來。[4]

至此，我們已知成功是種種優勢不斷累積的成果：你是什麼時候出生的、你的出生地、你父母是做什麼的、你的成長環境等，都是成功的重要因素。接下來，我們即將在第二部討論祖先留傳給我們的傳統和態度，是否扮演同樣的角色。如果我們了解，一個

3 柯恩還做過其他實驗，看看美國南方學生和北方學生的不同。「有一次，我們在實驗中安排一個人不斷騷擾學生，看他們有何反應，」他說：「我們要學生在實驗室中用蠟筆畫出兒時情景。我們安排了一個人，他的任務就是騷擾受試者。他會把他的畫紙揉成一團，想要丟到垃圾桶，卻打中受測者；或是拿走別人的蠟筆不還。不但叫別人『小滑頭』，還說：『我幫你在圖畫上簽名好了。』然後寫上『小滑頭』這幾個字。北方學生雖然生氣，但是不愛搭理他，不久就沒事了。南方學生一開始一直壓抑自己的怒火，但到了某個程度就會爆發出來。」

人為什麼成功以及一個民族代代相傳的文化精神具有什麼樣的影響力，是否能從中得到成功的啟示？我想，答案是肯定的。

4 這種態度是如何代代相傳的呢？這是經由社會傳承來的，就像口音一樣。費雪指出，阿帕拉契山區早期殖民者都有這樣的口音：「他們把 where 説成 whar、there 説成 thar、hired 説成 hard。你聽到的 critter 其實是 creature，sartin 則是 certain，a-goin 就是 going。他們把 it 説成 hit，而 he-it 才是 hit。他們口中的 far 是 fire、deef 是 deaf、pizen 是 poison、nekkid 是 naked、eetch 是 itch、boosh 是 bush、wrassle 是 wrestle、chaw 是 chew、poosh 是 push、shet 是 shut、ba-it 是 bat、be-it 是 be、narrer 是 narrow、winder 是 window、widder 是 widow，而 young-uns 就是指 young one。」你有印象嗎？現在住在阿帕拉契山區的人，不少人還操這種口音。不只口音會代代相傳，行為和情感表現的模式也會。

CHAPTER

7

空中危機

機長，天氣雷達幫了我們很大的忙。

一九九七年八月五日清晨六點，大韓航空公司八〇一號班機的機長醒來。根據機長家屬對飛安事故調查小組的陳述，他起床之後隨即去健身房，做了一個小時的運動。回家後研究了一下那天晚上飛關島的航程，接著小睡一下、吃午餐。機長的太太說，下午三點，他就提早動身前往首爾的金浦國際機場（Kimpo International Airport）。

這位機長從韓國空軍退役後，在韓航服務了快四年。他的飛行時數是八千九百小時，其中包括三千二百小時的巨無霸客機。幾個月前，他才碰到一次危機事件，他駕駛的飛機在低空飛行時出現引擎故障問題，所幸化險為夷，平安降落，還獲頒飛行安全獎章。他現年四十二歲，健康情況向來良好，不過十天前因感冒咳嗽去看醫生，診斷出支氣管炎。

晚上七點，機長、副機長和飛行工程師碰面，領取此次飛行的文件。這次的飛機是波音七四七，也就是航空界說的「傳統型」客機。飛機狀況良好，以前韓國總統出國訪問，還曾以這架飛機作為總統座機。十點三十分，八〇一號班機離開登機門，二十分鐘後便已騰雲駕霧。起飛順利，就在凌晨一點三十分之前，飛機從雲層鑽出，機組員瞥見遠方的燈光。

「那是關島嗎？」飛行工程師問道。過了一會兒，他又說：「沒錯，是關島。」

機長輕聲笑了一下，說道：「很好！」

接著，副機長向塔台報告，說他們的飛機已「離開積雨雲」，並請求「雷達導引，在6L跑道上降落。」

韓航八〇一號班機於是朝向關島機場緩緩下降。機長說，他們將目視進場。從金浦飛關島機場這樣的行程，機長已飛過八次，最近一次則是在一個月前，他對關島機場和周遭地形瞭如指掌。起落架已放下，襟翼張開十度。在1點41分48秒，機長命令：「打開雨刷。」飛行工程師就把雨刷打開。大雨滂沱。副機長問：「看不到嗎？」他在找跑道，但沒看到。過了一秒，近地警告系統（Ground Proximity Warning System, GPWS）用電子合成語音通報：「五百英尺。」他們距離地面只有五百英尺，怎麼會看不到跑道？過了兩秒，飛行工程師發出驚訝的一聲：「啊？」

1點42分19秒，副機長說：「宣告誤失進場點。」意思是，他們打算把機頭拉高，繞行一大圈之後，重新降落。

過了一秒，飛行工程師又說：「沒看到。」副機長也說：「沒看到跑道，誤失進場點。」

1點42分22秒，飛行工程師又說了一次：「重飛」。

1點42分23秒，機長複述：「重飛。」但是遲了一步，機頭拉不起來。

1點42分26秒，飛機撞上了位於機場西南五公里、林木蓊鬱的尼米茲山腰。六千萬美元和二十一萬二千公斤的鋼鐵，以時速一百六十公里的速度狠狠地摔到地面。飛機滑行了約六百公尺，切斷一條油管，一整排松樹被折斷，接著飛機變成一團火球，滾入深谷。在緊急救難人員抵達現場時，機上（含機組員）二百五十四人已有二百二十八人罹難。

頻頻墜機是意外？

一九七八年，即韓航八〇一號班機失事的二十年前，韓航還有一架波音七〇七的飛機誤闖蘇聯領空，在巴倫支海上方遭到蘇聯軍機擊落。這是意外，換句話說，這是罕見的災難，但天有不測風雲，這樣的橫禍，每架飛機都可能碰上。這次事件經過一番調查、分析之後，世人得到教訓，事後也做了事故報告。

但在兩年後，韓航又有一架波音七四七在首爾降落時，撞上機場旁邊的攔水壩，墜毀在跑道上。不到三年就發生兩起嚴重空難事件，看起來實在不妙。三年後，也就是一九八三年，韓航又有一架波音七四七在庫頁島附近被蘇聯攔截機擊落。一九八七年，又有一架波音七〇七班機在安達曼海上空被預先放置在機上的炸彈炸毀。一九八九年更是流年不利，韓航一架班機在利比亞首都的黎波里機場降落時因油料耗盡，在接近跑道時墜毀；同年十一月，韓航又有一架飛機在首爾起飛，因引擎故障墜毀。一九九四年，韓航從首爾飛濟州的國內線班機，降落時衝出跑道，撞上機場旁邊的護牆起火爆炸。[1]

讓我們從客觀的角度來看韓航空難事件。以美國聯合航空為例，從一九八八年到一九九八年，平均每百萬次離場失事率是〇・二七％，亦即每四百萬班次起降才有一架飛機失事墜毀。然而，韓航的每百萬次離場失事率則高達四・七九％，比聯合航空高出**十七倍**。

韓航飛機失事率實在高得不尋常。由於關島空難發生在美國領土，負責這次飛安事故調查的美國國家運輸安全委員會（National Transportation Safety Board, NTSB），也在附錄列出韓航在關島空難之後、調查完成之前發生的飛安事故：一九九八年，韓航有一架七四七在首爾降落時衝出跑道，兩個月後，同一架飛機又在蔚山機場衝出跑道；一九九九年三月，韓航一架麥道八三班機從首爾飛往浦項，飛機衝出跑道，造成多人受

1 在關島空難發生後，大韓航空的英文名稱則從「Korean Airlines」改為「Korean Air」。韓航在巴倫支海事件之前，還有兩次空難，分別發生在一九七一年和一九七六年。

傷；一個月後，大韓貨運航空從上海起飛，因機長操作不當，失速墜毀在上海虹橋機場附近的工業開發區。要是美國國家運輸安全委員會再等上幾個月，韓航空難列表又得增加一條了：一九九九年，大韓貨運航空從倫敦史坦史特德機場（Stansted Airport）一起飛，駕駛艙內的警鈴即響了十四次以上，機組人員還是沒能逃過一劫。

因為韓航飛安事故頻傳，一九九九年四月，達美航空和法國航空中止與韓航的夥伴關係。此時，美國國防部也把韓航列入黑名單，禁止仍留在韓國的數千名駐韓美軍搭乘韓航。美國聯邦航空管理局和加拿大官方通知韓航高層，韓航可能會被降級，這將影響飛越加拿大領空的許可和降落優先順序。

在韓航安全紀錄備受質疑之時，有人私自將一個外部稽核小組，針對韓航營運所做的調查報告書公諸於世。韓航高層表示，這長達四十頁的報告書有譁眾取寵之嫌，根本不具代表性。但這時韓航聲譽已經跌到谷底，要挽救形象為時已晚。那份調查報告書詳細列出不少機組員違規事項，例如飛機在加油時，機組員居然在停機坪上吸菸，或者在堆滿危險物品附近吸菸，以及機長和副機長在飛行途中翻看報紙。報告書上說：「如此一來，必然看不到前方的警示燈光。」這份報告並提到韓航員工士氣低落，多次違反標準程序，更令人怵目驚心的是結論：「七四七標準型的駕駛操作令人擔心，如機長在正常或緊急的情況下，實際操作能力有問題或臨場應變能力不足，或許需要考慮由副機長來負責降落。」。

韓航在上海失速墜毀之後，韓國總統金大中終於被迫說了重話：「韓航的飛安問題不只是一家公司的問題，而是全韓國的問題。我國信譽危在旦夕。」金大中從此不搭韓航，改搭韓亞航空。

但這時韓航出現了一個小小的奇蹟，終於得以逆轉勝。今天，大韓航空已是全球第二大航空聯盟天合聯盟（SkyTeam alliance）的會員之一，自一九九九年至今，飛安紀錄無懈可擊，且因轉型成功，在二〇〇六年榮獲航空業權威刊物《空運世界》（*Air Transport World*）雜誌頒發的鳳凰獎。今天，每位航空專家都可以向你打包票，韓航和世界任何一家航空公司一樣安全。

在這一章，我們將進行空難事故調查，聽「黑盒子」說話，檢視飛安事故報告書，研究飛機起降時的天氣和地形因素，比較關島空難等類似飛安事故，以了解像韓航這樣的航空公司如何浴火重生，從劣等生搖身一變成為國際航空界的模範生。這個故事說來話長，錯綜複雜，但是追根究柢，我們會發現韓航的成敗源於文化包袱，和肯塔基哈倫鎮與密西根大學的學生擺脫不了文化的影響如出一轍。

致命的七個連續錯誤

真實人生中的空難，極少像電影中的空難那樣驚險刺激。引擎零件不會砰一下就爆炸了，橡皮也不會在起飛的瞬間因承受不住壓力而斷裂，機長也不會在從座位被彈開之際，上氣不接下氣地叫道：「喔，天啊！」這個年代的商用客機就像烤麵包機一樣安全可靠。空難其實是一連串小小的失誤，加上環境因素造成的。[2]

例如，在典型的空難事件中，當時天氣情況通常不佳。不一定是非常糟的天氣，只要有些不好，對機長的心理都會造成壓力。在大多數的空難中，飛機都有誤點的問題，所以機長必須趕時間。所有的空難事件中，有五二%機長在事發當時，已經十二個小時以上沒睡覺，代表當時精神不濟，無法靈活思考。有四四%正、副機長未曾共事，因此兩人的配合度不好。然後，開始出現失誤，而且不只是一個失誤。在典型的空難事件中，可以發現七個連續失誤，這些失誤都是人為過失。例如，機長或副機長犯了一個錯，這個錯誤本身不是什麼大問題，但接下來又有人犯錯，此時也還不足以釀成大禍，但是他們又犯了第三個錯，就這樣一個失誤接著一個，累積起來最後就變成大災難了。

這七個錯誤很少是知識不足或飛行技術的問題，也不是因為某種技術操作過於困難、複雜，使得機組員無法應付。導致空難的失誤，都是團隊合作和溝通出了差錯所造成的。例如，機長或副機長知道某件事很重要，卻沒能讓對方知曉；也有可能是機長或副機長有一人出錯，另一個人卻沒發現；還有一種則是碰到難纏的情況，需要一連串複

---

2 其實，不只是空難，所有的工安事故也是如此。史上最著名的工安事件，就是一九七九年發生在賓州三哩島（Three Mile Island）的核能發電廠反應器爐心熔毀事件。這個事件讓美國大眾心理產生極大衝擊，至今仍心有餘悸。其實起初問題並不嚴重，正如社會學家培羅（Charles Perrow）在《正常事件》（*Normal Accidents*）一書的分析研究，一開始只是反應爐主水泵停止運轉的小問題，但輔助系統的閥門打不開，致使冷卻水無法進入蒸汽發生器，熱量在堆心聚集，堆心壓力上升，減壓閥於是開啟，讓冷卻水流出。冷卻水大量排出，造成堆心溫度上升，最後堆心燃料熔毀、洩漏，造成嚴重放射性物質外洩汙染。本來三哩島和所有的核能發電廠一樣，有一套備用的冷卻系統；但在那天，不知為何備用系統的閥門卻沒打開。有人把這閥門關上了，且控制室上掛了個待修的牌子。反應爐只好靠另一套系統，但不知怎麼回事，那套系統無法自動關閉，一直在開啟狀態。工程師應該可從控制室裡的一個儀表上發現這個問題，不巧那天那個儀表剛好故障。直到工程師知道是怎麼回事的時候，反應爐已經快熔毀了，無法靠近。

雖然這次的三哩島事件沒造成任何傷亡，然而可說是有驚無險，因為一連串的差錯，差點釀成大禍。

雜的步驟才能解決，此時正、副機長之間的協調卻出了問題，而做錯了其中的一個步驟。

前波音安全總工程師魏納（Earl Weener）說：「飛機駕駛艙的設計是由兩個人一起駕駛的，通常是一人操作，另一個人檢查看看是否正確，或者兩人分工合作，務求每個動作精準確實。開飛機，稍有差池，就可能釀成空難。如果正、副機長默契良好、合作無間，就會安全得多。因此正、副機長中沒在操作的那位，絕對不是只在對方因突發狀況無法駕駛時才出來代替的備胎。」

例如，一九九〇年一月哥倫比亞航空公司（Avianca）〇五二號班機失事墜毀事件，已成為飛行學校研究的有名案例。其實，哥倫比亞航空公司的悲劇足以作為韓航的借鏡，有助於我們透視韓航八〇一號空難之謎。

那個航班的機長是卡維德斯（Laureano Caviedes），副機長是克羅茲（Mauricio Klotz），從哥倫比亞的波哥大起飛，經麥德林（Medellin），飛往紐約甘迺迪機場。那天晚上，天候不佳，東岸因東北風暴肆虐，颳起一陣陣強風，還瀰漫著濃霧。各大機場都嚴重塞機：紐華克機場二百零三個班次、拉瓜地亞機場兩百個班次、費城一百六十一班、波士頓洛根機場五十三班，而甘迺迪機場則有九十九班。因為天氣的緣故，哥倫比亞航空〇五二號班機在飛往紐約途中，三度接獲甘迺迪機場塔台管制員的告知，要他們在空中等候。飛機先在維吉尼亞諾福克上空繞行十九分鐘，在大西洋城上方繞了二十九分鐘，又在甘迺迪機場南邊六十幾公里處等了二十九分鐘。

經過一個小時又十五分鐘的延誤之後，哥倫比亞航空終於得到落地許可。但在降落前一刻剛好遭遇嚴重風切。飛機就像在狂風中被拋上拋下的樹葉，先遇上一股強勁逆風，再來猛烈的下沉氣流，隨後在強順風的推力下，飛機速度又變得太快，無法在跑道上降落。一般在這種情況下，飛機可採用自動駕駛模式來因應瞬息萬變的風切，但是哥倫比亞航空〇五二號的自動駕駛功能有問題，因此被關掉了。就在著陸的最後一刻，機長把機頭拉起，企圖重飛。飛機在長島上空繞了一大圈，就在重新降落之前，已經耗光了所有的汽油。沒多久，一個引擎停止轉動，過了幾秒，第二個引擎也掛了。機長大叫：「跑道在哪裡？」他想，甘迺迪機場既然就在眼前，即使是用滑翔的，也得設法讓這架瘸了的飛機平安著陸。其實，甘迺迪機場還在二十五公里外。

最後，這架七〇七衝進長島牡蠣灣高級住宅區一戶人家的院子，屋主就是美國網球名將馬克安諾（John McEnroe）的父親。一百五十八名乘客中有七十三人死亡。空難原因不到一天就很清楚了：「燃料耗盡。」飛機本身沒問題，機場設備也沒問題，機長或副機長沒喝酒，也無精神異常，只是飛機飛到沒油了。

低空繞行八十分鐘

「這是個典型案例，」阿聯酋航空的資深機長羅華特（Suren Ratwatte）說道。多年來，羅華特一直在研究複雜系統失誤的人為因素，如核能發電廠爆炸和空難事件。羅華特是斯里蘭卡人，現年四十多歲，非常健談，大半輩子都在開飛機，他在曼哈頓的喜來登飯店接受我的訪問。不久前，他才駕駛空中巨無霸從杜拜飛抵甘迺迪機場。羅華特對哥倫比亞航空○五二號班機的事件瞭如指掌。他說，在○五二號班機出事前，已有幾項不利因素，首先是東北風暴，加上紐約地區各機場都嚴重塞機，還有飛機自動駕駛系統失靈。塔台前後三次要○五二號在空中盤旋、等候，不只是多飛了八十分鐘，這樣不斷地在低空繞行將比在高空飛行更耗油。

羅華特說：「那部是七○七的飛機，這種老飛機尤其難開，光是操作就很容易手忙腳亂。這種飛機雖用噴射引擎，但不是液壓驅動的，操縱系統包括駕駛桿、拉桿、鋼索、滑輪等，你必須費盡九牛二虎之力，才能把飛機開上天空。開這飛機就像划船一樣累。我現在開空中巨無霸只要動動指尖。我也會用搖桿。飛機上的儀器多得不得了，每一個的大小就像咖啡杯。但當○五二號的自動駕駛停擺時，機長就必須同時操縱九個儀表板，右手控制速度，左手操控飛機。在這種情況下，他的體力、腦力都已經透支了，不能再做其他的事。你精疲力竭時就會這樣。不僅做決策的能力降低了，有些地方還會疏忽。平常，你絕不至於如此。」

這次空難的黑盒子尋獲之後，我們可從錄音紀錄發現，卡維德斯機長一直要求副機長幫他把塔台管制員說的話翻譯成西班牙語，似乎他的英文已經完全不行了。光是方向，他就問了九次。他吼叫：「大聲一點！我聽不到。」飛機在甘迺迪機場東南方打轉了四十分鐘後，所有的機組人員應該都很清楚油快不夠了，機長大可要求在一百公里外的費城降落，但他沒有這麼做，似乎一直被困在紐約上空。第一次降落失敗後，飛機的近地警告系統就已發出十五次以上的警告，顯示飛機離地太近，但機長似乎充耳不聞。在降落失敗後，他應該立刻繞回去，但他卻沒有這麼做。他已經累到麻木了。

儘管如此，駕駛艙卻沉默得令人不安。坐在卡維德斯身邊的是他的副機長克羅茲。黑盒子的座艙語音紀錄器顯示，這段時間只有沙沙聲和引擎的聲音。與塔台聯絡是克羅茲的責任，他在那晚是關鍵角色，卻出奇地被動。直到塔台第三次告訴他在空中等候，他才說出飛機的油不夠了，就連飛到甘迺迪附近的機場都已經不可能。接下來，機組員聽到塔台管制員說：「請隨時準備降落。」接著又說：「允許降落。」空難調查員猜測，哥倫比亞航空的機長和副機長必然以為塔台會讓他們排在前頭，其實不然，已有幾十架飛機在排隊，他們還排在最後。這是個嚴重的誤會。但機長或副機長是否有再問清楚，詢問究竟何時可以降落？沒有，他們只是乖乖地等，又在空中盤旋了三十八分鐘，在燃料即將耗盡的燃眉之急下，才又開口詢問塔台。

迫降時，駕駛艙應話語不斷

羅華特說，這時駕駛艙會這麼安靜，根本不合常理。為了讓我更明白，他接著提到他那天早上從杜拜起飛後發生的事。「有一位老太太在飛行途中痙攣、嘔吐。我們猜想她可能是中風，看起來情況很糟。這位老太太是印度人，要去美國看女兒。老太太的丈夫也在飛機上，但他不會說英語，也不會說印度話，只會說旁遮普語，機上沒人可以和他溝通。他看起來就像從旁遮普省的一個村落走出來的農民，而且身上沒錢。老太太中風時，飛機剛好在莫斯科上空，但是我們不能去莫斯科，因為我不知道倘若在莫斯科降落，老太太是否就能得到醫療救援。於是我對副機長說：『你來開飛機。我們必須去赫爾辛基。』」

羅華特要考慮的第一個問題是，這趟長途飛行還不到一半，如果要緊急降落，飛機的油槽還很滿。他說：「機上汽油比降落的最大油量限制還多六十公噸。現在我必須做決定。我可以洩油，但是我不能洩了就跑，最後我還是會在巴倫支海上方被追蹤到。然而要是再等上四十分鐘，老太太恐怕就沒命了。我還是決定降落。這是我的選擇。」

這意味著，飛機要在幾乎滿載燃油的情況下降落。由於飛機超重，無法使用自動駕駛系統。

「這時，是由我接手駕駛。我一定要盡可能輕輕地觸地，否則機體結構可能會受到傷害，後果將不堪設想。再說，飛機這麼重很不好開。萬一降落不成，必須重飛，這麼重的飛機說不定已無法爬升。」

「你就像表演雜耍的，一次要丟好幾個球，而且不得有任何閃失。由於這是長途飛行，我們還有兩位副機長，我把他們兩個叫起來，讓他們明瞭目前的狀況。我們四個組員在駕駛艙沙盤推演。我沒飛過赫爾辛基，不知那座機場的特性，也不知道跑道是否夠寬。不管如何，我總要想出一個降落的方式，研究飛機性能參數，並告訴公司我們打算怎麼做。這時，我不但要聯絡杜拜方面，和亞利桑納 MedLink 遠距醫療服務的值班醫師通話，還要和在機上照顧老太太的兩位醫師討論。我整整講了四十分鐘的話。」

「我們很幸運，那天赫爾辛基天氣很好，」羅華特繼續說：「如果天氣不好，飛機油料滿載，加上對機場環境不熟，恐怕凶多吉少。幸好天氣不錯，而且我們降落的國家是在芬蘭，這是第一世界的國家，他們也能配合，靈活應變。我對他們說：『飛機很重，我想逆風降落。』因為逆風可以減速，這樣會比較安全。塔台說，沒問題，他們讓我從反方向降落。由於考慮到飛行噪音，他們一般不會讓飛機從這個方向降落。」

羅華特要化險為夷，必須具備哪些能力？首先，他的飛行技術要很高超。這是無庸置疑的。而且他還在飛機油料很滿的情況下降落。但這次緊急降落之所以成功，最重要的因素其實不是駕駛技術。

首先，羅華特必須衡量飛機重量過重勉強降落是否會損及機身，然而如果不降落，老太太的命是否保得住。一旦他決定降落，就必須考量降落地點：赫爾辛基，還是莫斯科？決定在赫爾辛基降落之後，他得馬上了解這個陌生機場的環境。更重要的是，他必須不斷溝通，與乘客、醫師、副機長商量，並把第二組機組員從睡夢中叫起來，通知在杜拜的總公司，並和赫爾辛基的塔台管制員聯絡。這次的事件，從乘客中風到在赫爾辛基降落的那四十分鐘，駕駛艙幾乎沒有一刻是平靜無聲的。羅華特不斷地在**講話**，他不只是命令機組員，也和各方面的人溝通，用最清晰的語言給大家安慰、鼓勵、誘導，並傳遞他知道的訊息。這就是這次危機事件得以化險為夷的關鍵。

「快沒油了。」

讓我們再來看看哥倫比亞航空〇五二號班機降落失敗的情況。根據黑盒子的座艙語音紀錄器。那時，天氣是個問題。那晚因為濃霧，機長卡維德斯和副機長克羅茲失去了飛機方位。請注意他們對話的**形式**，內容倒不是那麼重要。特別注意的是話語之間的沉默和克羅茲的語氣。

卡維德斯：跑道在哪裡？我看不到。我看不到。

起落架收起，機長要克羅茲和塔台聯絡，要求再次降落。過了十秒。

卡維德斯（似乎在自言自語）：油不夠了……

十七秒後，兩人才又討論技術操作細節。

卡維德斯：跑道呢？我看不到。

克羅茲：我看不到。

這時，塔台管制員出聲了，要他們向左轉。

卡維德斯：告訴他們，我們情況危急！

克羅茲（對塔台說）：好的，航向一八〇，嗯，我們會再試一次。我們快沒油了。

請試著想像當時駕駛艙的情景。飛機的油即將耗盡，等了半天，好不容易輪到他們降落，結果降落失敗。他們不知道飛機還能在空中撐多久。機長氣急敗壞地說：「告訴他們，我們情況危急！」但是克羅茲對塔台怎麼說？**好的，航向一八〇，嗯，我們會再**

試一次。我們快沒油了。

但是「快沒油了」這句話聽在塔台管制員耳裡，可說一點意義也沒有。每一架飛機在進場的時候不都是快沒油了？克羅茲的意思是，〇五二號已經沒有足夠的油可以開到替代機場？或者是指，他們擔心油快不夠了？

接下來，我們再來看看最關鍵的那一句。克羅茲先是表明，他們會照塔台指引的方向左轉，一直到這句話的最後才提到油快沒了。就像一個人在餐廳對服務生說：「好的，再來一杯咖啡，嗯，我被雞骨頭噎到了。」服務生知道情況緊急嗎？與克羅茲聯絡的塔台管制員後來在出庭時表示，他以為這是〇五二號的機組員隨口說說罷了，他根本沒當一回事。在這樣天候狀況惡劣的雨夜，幾乎每架飛機的駕駛員都這麼說。

克羅茲在這一句當中的停頓「嗯」，更使塔台管制員誤解，因為這完全不像在呼救。根據另一位塔台管制員的陳述，〇五二號的副機長，那天的語氣「非常平靜……完全聽不出情況危急」。

這不是講客套話的時候

克羅茲這種說話方式，即語言學家所謂的「委婉式」言語表達法，也就是不直接說出心裡想要說的，而是修飾一番之後才說出來。我們在表示客氣、不好意思、尷尬或恭敬時，通常會用這種說話方式。例如，你希望老闆幫忙完成一件事，你不會說：「我下星期一就要這份文件。」你會委婉地說：「我真不希望給您添麻煩，但要是您這個週末有空，能幫忙看一下，那就太好了。」在這種情況下，這麼說完全得體；但是如果你在狂風暴雨中開飛機，與塔台聯絡還這麼客氣，問題就大了。

語言學家費雪（Ute Fischer）和歐拉薩努（Judith Orasanu）曾假設一個情景，問一群飛機駕駛員，在這種情境之下他們會如何反應：

如果你是副機長，你從天氣雷達上發現前方四十公里正下著傾盆大雨。當時飛行的速度是〇．七三馬赫（每小時八百二十一公里）。你希望避開這個天氣不穩定的區域，以免飛機受到暴風雨和亂流的影響。問題：你會怎麼跟機長說？

費雪和歐拉薩努認為，要說服機長改變航向，從最強硬到最委婉，至少有六種說法：

- **命令：**「立刻右轉三十度！」這是最強硬、直接，也是最清楚的說法。
- **盡義務：**「我想，我們現在必須右轉。」注意，這裡用的代名詞是「我們」，這樣的語氣比較委婉。
- **建議：**「我們還是繞過前方天氣不穩定的區域吧。」意味著「我們是一起的」。
- **詢問：**「你想轉到哪個方向呢？」這又比建議更委婉了。說話者認為他不是發號施令的人。
- **優先選擇：**「我想，現在或許左轉或右轉比較好。」
- **暗示：**「前方四十公里的區域看起來有點可怕喔。」這是最委婉的說法。

費雪與歐拉薩努發現，幾乎所有的機長，在這種情況下，都會採用第一種命令式的說法：「右轉三十度。」由於這是對下屬這麼說，他們不必擔心客不客氣的問題。反之，副機長則大都傾向採用最委婉的說法，也就是利用暗示的方式來表達。

看了這個研究報告，不禁讓人憂心。畢竟暗示的方式不但讓人很難猜透說話者究竟在想什麼，也很容易遭到拒絕。以一九八二年佛羅里達航空空難事件為例，該公司一架七三七飛機在暴風雪中從華盛頓特區的機場起飛後不久，即因無法爬升，最後撞橋，掉落到波多馬克河中。起飛之前，副機長已經對機長說了三次機翼上的積雪太多，恐怕會有危險。但他是怎麼說的？都是用暗示的方式：

副機長：你看，往後看，看到了嗎？都結冰了。

然後：

副機長：你看到了那些冰柱嗎？你看到了嗎？

之後又說：

副機長：天啊，這麼多冰雪，怎麼除得了？你會有錯誤印象，以為除冰就安全了。

說法。

最後，在他們得到起飛許可之時，副機長的說法終於變得強硬了一點，改用建議的說法。

副機長：我們去檢查一下（機翼）上面吧，反正還要坐在這裡再等一會兒。

機長：我想，我們現在就得走了。

在飛機掉落到河裡的前一刻，副機長終於直截了當地陳述事實，不用暗示、建議或命令。這次，機長也同意他的說法。

副機長：賴瑞，我們的飛機在往下掉，賴瑞。

機長：我知道。

不少空難的起因都源於這種溝通不良。民航機的機長和副機長，通常會把所有的勤務平均分成兩半。但分析空難史，機長坐在「駕駛座」的時候，發生空難的機率反而比較大。乍看這似乎不合理，因為機長應該是最有經驗的人，至少比副機長來得經驗豐富。但我們想想佛羅里達航空空難事件，如果當時駕駛飛機的是副機長，機長在一旁盯著他操作，他會暗示三次嗎？不會的，他一定是直接命令，有話直說，不會拐彎抹角，或許飛機就不會墜毀了。

過去十五年來，民間航空界一直在努力訓練機組員有效溝通，避免模稜兩可的委婉說法。現在每家大型航空公司都有所謂的「機組資源管理分析訓練」，為的就是指導資淺的機組員清晰、明確地表達意見。例如副機長意識到狀況不妙，就應該直截了當地告訴機長：「機長，我擔心……」進一步說出他覺得怪怪的地方。如果機長沒有反應，他就應該明白表示：「我認為現在有危險。」要是機長遲遲沒有行動，就必須換副機長來駕駛。航空專家可以告訴你，近年來空難事件大幅降低，與這種有效溝通的訓練有關。

羅華特說：「為了加強溝通效率，我們阿聯酋航空的機師一律直呼其名，這樣的確有助於溝通。如果要說：『機長，你錯了。』那會很難開口，要是直接叫他的名字，會比較容易。」羅華特認為委婉、客氣的說法可能會要命。哥倫比亞航空○五二的空難事件，就是最好的例子。他又說道：「我個人常這麼做，也就是把自己的身段放低一點。

我會對副機長說：『我不常飛了。一個月只飛三、四次，你飛的次數比較多。如果你發覺我做錯了，那是因為我現在比較少飛，所以請直接告訴我，你覺得哪裡不對。幫我改正錯誤。』我希望他們聽我這麼一說，會比較敢開口。」

機長駕駛，空難機率反而大

讓我們再回過頭來看看，哥倫比亞航空〇五二號班機駕駛艙的情況。飛機第一次降落失敗，已離開甘迺迪機場的上空。克羅茲剛和塔台聯絡過，想知道他們何時可以降落。機長卡維德斯轉過頭來問克羅茲。

卡維德斯：塔台怎麼說？

克羅茲：我已經告訴他，我們要再次嘗試，因為剛剛沒成功……

接下來是無聲的四秒。

卡維德斯：告訴他，我們情況緊急。

過了四秒，沒聽到回應。卡維德斯又問；

卡維德斯：你告訴他了嗎？

克羅茲：是，機長，我已經跟他説過了。

克羅茲又開始跟塔台聯絡，然而只是常規報告。

克羅茲：哥倫比亞航空〇五二號，航向一五〇，高度保持兩千英尺。

機長顯然很不安。

卡維德斯：告訴他，我們沒油了。

克羅茲又回去跟塔台聯絡。

克羅茲：爬升，高度保持三千英尺，對了，啊，我們快沒油了。

又來了。他壓根沒提到「危急」這個關鍵字眼。一說「危急」，塔台人員必然會豎起耳朵。他還是把「我們快沒油了」這個危急的事實擺在句尾，前面還加了個「啊」。我們要是計數哥倫比亞航空〇五二號機組員犯的錯誤，現在已經累積了十幾個。

卡維德斯：你已經告訴塔台我們沒油了嗎？

克羅茲：是，機長，我已經告訴他了……

卡維德斯：那就好。

這種對話聽起來有點無厘頭，簡直就像美國四〇年代諧星搭檔亞伯特（Bud Abbott）與柯斯泰羅（Lou Costello）演出的橋段，只是這卻是悲劇的序曲。

過了一分多鐘。

塔台：哥倫比亞航空〇五二號，啊，我要你往東北二十四公里，再繞回來準備進場。可以嗎？油還夠嗎？

克羅茲：我想可以，非常謝謝。

我想可以，非常謝謝。什麼可以？他們就要墜機了！一名空服員走進駕駛艙探看情況如何。飛行工程師指著油量表，做出割喉的手勢。[3]但是他一句話也沒說。接下來的五分鐘都安靜無聲。克羅茲繼續和塔台聊天，做常規報告，然後引擎發出巨大的響聲。「四號引擎熄火了！」

卡維德斯喊叫：「跑道呢？」跑道還在二十四公里外。

接下來的三十六秒盡是恐怖的靜默。塔台呼叫最後一次。

---

3 該名空服員幸運生還，這是她在法庭上作證的陳述。

塔台：你們，嗯，你們有足夠的油可以飛到機場嗎？

紀錄到此為止。

「關於哥倫比亞航空〇五二號那次空難事件，」羅華特接著說：「紐約塔台管制人員的態度也是個問題。他們素以凶悍、跋扈聞名，就連技術也是一流的。紐約上空可說是全世界最繁忙的空中走道。據說，有一名機長在甘迺迪機場降落後就迷路了。那裡簡直就像迷宮一樣。有名女性空中管制員就對那機長發飆，告訴他：『停！別動！我沒跟你說話之前，不要跟我說話！』她就讓他一直等。最後，機長拿起麥克風對她說：『這位小姐，妳前輩子是我老婆嗎？』」

「那些塔台管制員每一個都很蠻橫。他們認為自己才是掌控的人，要你閉嘴，聽他們的命令行事。如果你不同意他們叫你做的，你必須立刻反駁。他們就會說：『好吧，那麼照你的意思。』要是你跟他們客氣，就會被欺負。我記得，英國航空有一架飛機快飛抵紐約時，由於空中交通繁忙，塔台管制員就叫他們一直在上空盤旋。那位英國航空的機長就對他們說：『你們這些人應該去我們希斯羅那裡學學。』你要是不習慣紐約塔台人員的態度，就很容易被嚇到。哥倫比亞航空〇五二號那個副機長正是如此。」

如果羅華特碰到油不夠的情況，他一定會跟塔台講清楚。像他在駕駛艙需要幫忙，就會把第二組機師從睡夢中叫醒。如果他認為在莫斯科降落不好，就會選擇在赫爾辛基降落。要是赫爾辛基要求他順風降落，但飛機油料很滿、順風降落有危險，他就會請求逆風降落。他們在赫爾辛基機場跑道上等待起飛的那個早上，羅華特走錯跑道了，副機長馬上指出這點。羅華特提到這事，笑了一下說：「馬沙是瑞士人，他很高興有機會可以糾正我。」他繼續說：「哥倫比亞航空應該跟塔台明說，他們沒油了，沒辦法這麼做。或是說，我們做不到，一定要在十分鐘內降落。但他們就是無法讓塔台明白這點。」

羅華特在此點出文化差異的問題。哥倫比亞航空〇五二號會出事，不只是克羅茲能力不夠、機長疲倦，應該還有更複雜、更深層的因素。羅華特說，美國任何一家航空公司的機長，都不會容忍塔台讓他們這樣繞來繞去。他們會直接說：「聽好！我非降落不可！」

從國籍了解行為差異

在六、七〇年代，荷蘭心理學家霍夫斯泰德（Geert Hofstede）在IBM歐洲總部的人力資源部門工作。他的任務是，在分布全球四十個國家的分公司做員工調查，了解他們如何解決問題、如何與人共事，以及面對權威的態度。霍夫斯泰德設計的問卷問題很多，而且深入，經過一段時間的研究之後，他建立了一個龐大的資料庫，分析各地區分公司的文化差異。直到今天，我們仍然常常運用「霍夫斯泰德文化面向研究」提供的架構與模式，來了解跨文化價值觀的差異。

霍夫斯泰德論道，員工比較注重個人還是群體的利益，就是一個重要的文化差異。以「個人與群體主義傾向量表」來看，最注重個人主義的國家就是美國。難怪，美國也是已開發國家當中唯一未實行全民健保制度的國家。在量表的另一端，與美國差距最大的則是瓜地馬拉。

另一個文化面向則是「不確定性的規避」，換言之，也就是對於明確性的偏好程度。有此傾向者，比較依賴規則和計畫，不管在任何情況之下，都依照程序行事。根據霍夫斯泰德的資料庫，前五名的國家如下：

1. 希臘
2. 葡萄牙
3. 瓜地馬拉
4. 烏拉圭
5. 比利時

最能忍受意義不明確或模稜兩可的國家如下：

49. 香港
50. 瑞典
51. 丹麥
52. 牙買加
53. 新加坡

我們必須注意，這樣的「排行」只是表示文化差異，並無對錯之分。此外，這也並不表示，某個國家的每個人民都具有這樣的傾向。例如，瓜地馬拉雖然是個非常注重群體的國家，也可能出現具有個人主義傾向的個人。

霍夫斯泰德的重點在於：雖然個人特質各有不同，有些傾向還是不免受到整個社群或文化的影響。這個結論和密西根大學心理學家柯恩與尼斯貝特類似。

例如，比利時和丹麥這兩個國家很近，飛機航程不到一個小時。丹麥人看起來和比利時人沒什麼兩樣。哥本哈根與布魯塞爾這兩個城市的大街小巷，看起來也很像。但就「不確定性的規避」而言，這兩個國家卻南轅北轍。以對不確定性的容忍度而言，丹麥人和牙買加人最相近。丹麥與比利時雖然同樣崇尚自由精神，有愛好民主的傳統，但有著不同的歷史發展軌跡、政治結構、宗教傳統，就連語言、食物、建築與文學都不同。這樣的差異，可以回溯到好幾個世紀以前。所有差異的總合，也塑造出不同的文化與民族性。面對風險和不確定性，丹麥人的反應就和比利時人完全不同。

在霍夫斯泰德研究的文化面向當中，最有意思的，或許就是所謂的「權力差距指數」。權力差距是指，個人面對階級制度的態度，不同文化對權威尊重的程度。為了衡量，霍夫斯泰德在問卷中提出這樣的問題：「根據你的經驗，下列問題多久發生一次：員工與主管意見相左，但不敢說出來。」又如：「如果權力分配不均，公司裡比較弱勢的一方接受程度為何？」「公司裡年長的員工是否比較令人敬畏？」「有權力的人是否享有特權？」

霍夫斯泰德在他的經典之作《文化的影響》（*Culture's Consequences*）中論道：「在權力差距指數低的國家，握有權力的人比較低調，幾乎不好意思展現權力。瑞典就是權力差距指數低的國家。我就曾聽瑞典一所大學的主管說過，如果要運用權力，他絕對不能給人望之儼然的感覺。領導人如果要給人『親民』的印象，就得放棄一些標誌或特權。像奧地利總理克雷斯基（Bruno Kreisky），還搭有軌電車上班。沒錯，奧地利也是權力差距指數低的國家。一九七四年，我親眼看到荷蘭（權力差距指數低）的首相約普·登·伊爾（Joop den Uyl），開著他的露營車在葡萄牙的一個營區度假。如果是權力差距指數高的國家，如比利時或法國，幾乎不可能看到他們的領導人這麼做。」[4]

4　霍夫斯泰德在書中的參考資料也提到，幾年前有人做過一項研究，比較同一產業、同樣規模的德國與法國工廠。在法國工廠，屬於管理階層和專家的人員占所有員工的二六%，而在德國工廠，這樣的人員只占所有員工的一六%。此外，法國高級主管階層的薪資，也比德國的來得高。霍夫斯泰德認為，我們可從這樣的比較看出兩國對階級的文化態度。法國的權力差距指數是德國的兩倍，因此特別擁護階級制度；反之，德國人就沒那麼看重階級。

霍夫斯泰德的研究發現對航空界也有深遠的影響。他們為何要對委婉的溝通宣戰，強調團隊合作？目標就在減少權力差距。因此，航空訓練專家要問副機長這麼一個問題：「根據你的經驗，位階低的人不敢向位階高的表達反對意見，這種情況會常常出現嗎？」航空界可從霍夫斯泰德的研究得到一個重要啟示：是否能夠說服副機長明確、勇敢地表示出自己的意見，關鍵就在文化的權力差距指數。

正如羅華特說的，美國機師才不怕那些甘迺迪機場的塔台人員，塔台再怎麼凶悍都嚇不了他們。正因為美國是典型權力差距指數低的國家。事態嚴重時，美國人還是會展現**美國精神**。所謂的美國精神，最基本的就是平等。塔台人員最後還是會放棄高高在上的態度。但在全世界的國家中，權力差距指數最大的國家有哪些？哥倫比亞就是其中之一。

曾深入研究文化對飛行員行為影響的德州大學心理學教授海瑞克（Robert Helmreich），在哥倫比亞航空〇五二發生空難之初，就寫了一篇非常精闢的事件分析。他說，如果不從克羅茲的國籍來看，就很難了解他的行為。哥倫比亞航空的災難，就出在他們對權威的敬畏與服從。海瑞克寫道：

哥倫比亞的權力差距，必然使副機長心生無力感。再者，機長雖然擁有較大的權力，他卻不能做出明確的決定。副機長和航空工程師只能靜候機長的決定，即使有異議，也不願表示出來。

克羅茲認為自己是下屬，因此解決危機不是他該做的事，是機長的事。但機長很累，而且沒說什麼。甘迺迪機場的塔台人員又一直命令他們在空中繞圈子。克羅茲心裡想告訴塔台，他們有危險，但他還是用自己的文化語言，也就是用下屬向上司報告的語氣。塔台人員可不像哥倫比亞人那樣客氣，他們是沒有什麼權力差距概念的紐約人。在那些塔台人員的耳裡聽來，那種委婉的語氣並不代表順從，而是**那架飛機根本就沒有問題**。

從〇五二號的座艙通話紀錄中可以明顯看到文化差異造成塔台與副機長的溝通不良，令人有不勝唏噓之感。這也是哥倫比亞航空和塔台最後的通話，幾分鐘後，飛機就墜毀了。塔台問他們油還夠嗎？克羅茲回答：「我想可以，非常謝謝。」這時，機長卡維德斯問克羅茲：

卡維德斯：塔台怎麼說？

克羅茲：他生氣了。

生氣！飛機就要墜毀了，克羅茲卻有心裡受傷的感覺。在這個節骨眼，他無法擺脫文化的束縛，還是死腦筋地認為下屬應該服從上司的指示。他已經跟塔台溝通過了，不知怎麼似乎觸怒了塔台那些「老大」。

在〇五二號班機墜毀之後，哥倫比亞航空高層做了事後調查。那陣子，他們真是流年不利，連續發生四次空難事件，在紐約之前，還有三架飛機分別摔在巴蘭基亞（Barranquilla）、庫庫塔（Cucuta）以及馬德里。這次調查最後的結論是：「飛機零件完全沒問題，機組員的駕駛技術都在中上，但是**仍然**發生空難事件。」

根據馬德里空難調查報告，副機長曾警告機長情況危險：

副機長雖然及時提出警告，他們還是無法逃過一劫……副機長提出質疑與建議的時候，語氣過於婉轉，機長因而聽若無聞。或許副機長不想挑戰機長的判斷力，免得被認為不順從，或者他認為機長經驗豐富，哪有他提出糾正的餘地，還是別傻了。副機長應該口氣強硬一點……

成功這種能力很複雜，以飛機駕駛員為例，不但技術要好，也和出身有關，還要注意權力差距的問題。像哥倫比亞，他們的權力差距指數剛好是全世界最高的。海瑞克與同事梅里特（Ashleigh Merritt）曾經評量全世界各地飛行員的權力差距指數，第一高的是巴西，第二高的就是南韓。[5]

機長太累了

負責飛安事故調查的美國國家運輸安全委員會，總部就設在華盛頓特區波多馬克河畔一棟建於七〇年代、矮矮的辦公樓房裡。走廊兩邊都是實驗室，裡面堆了些飛機殘

5 全世界權力差距指數最高的五個國家如下。你會發現，這個排行和空難發生的頻率有奇妙的對應關係：1.巴西、2.南韓、3.摩洛哥、4.墨西哥、5.菲律賓。至於飛行員權力差距指數最低的五個國家則為：15.美國、16.愛爾蘭、17.南非、18.澳大利亞、19.紐西蘭。

骸：變成破銅爛鐵的渦輪引擎、有問題的直升機旋翼槳。還有一個實驗室的架子上，可以看到座艙語音紀錄器和飛行資料紀錄器，即所謂的黑盒子。

我看到的那個黑盒子，就是一九九六年墜毀在佛羅里達州沼澤的得益航空（ValuJet，現已改名為穿越航空〔AirTran〕）五九二號班機遺留下來的。那次空難，含機組員共有一百一十人罹難。黑盒子大小和鞋盒差不多，外殼由厚實的不鏽鋼打造，防火、防震且能耐受巨大的撞擊。但那黑盒子的一端有鋸齒狀的缺口，實在難以想像撞擊力道有多大，才會撞成那樣。

美國國家運輸安全委員會的調查員，就是從空難事件現場尋獲的具體證據，重建事件經過。有些調查員是工程師，有的是飛行員，令人驚訝的是，還有為數不少的心理學家。這些心理學家研究座艙語音紀錄器的通話內容，解讀在空難發生的最後幾分鐘，機組員的對話和行動。國家運輸安全委員會的心理學家布萊納（Malcolm Brenner）博士，就是解讀黑盒子的高手。他高高瘦瘦，年紀約五十開外，也參與了韓航關島空難事件的調查。

布萊納說：「通常，在關島機場降落並不難。」他解釋說，關島機場有下降顯示器，因此飛行員可以看到從機場發射到空中的強光，只要順著這道光線緩緩下降，就可以順利降落在跑道上。但在韓航出事的那個晚上，下降顯示器剛好故障，送到另一個島修理。關島機場已通知所有的航空公司和飛行員，下降顯示器暫時無法使用。

一般而言，這也不是什麼大不了的問題。在下降顯示器送修的那個月，已有一千五百個班次的飛機順利降落。說來，下降顯示器故障只是小事一樁，不過增加一點點降落的難度而已。

「但韓航遭遇到另一個問題，也就是天候不佳，」布萊納繼續說：「南太平洋地區常會突然下起暴雨。但這樣的雨來得快，去得也快。這裡沒有持續的暴風雨，就是典型的熱帶天堂。但那晚還有一些小小的雲胞，韓航就駛入在機場附近上空的雲胞之中。這時，機長必須決定採用何種程序降落。塔台已給他們進場許可，允許利用VOR/DME的導航降落。所謂的VOR/DME即多向導航儀／測距儀導航系統。但這個系統的設定很複雜，必須一步步來。但在降落之前，機長看到關島機場的燈光，就鬆了一口氣，宣布他們將目視進場。」

VOR/DME發送出來的無線電波訊號，可讓飛行員在接近機場時計算飛機高度。在下降顯示器問世之前，一般機師都是靠VOR/DME。韓航機長一開始也打算用ＶＯＲ，看到機場跑道之後，就可目視進場。這樣的策略看來似乎合情合理，目視進場對飛行員可說是家常便飯。然而，不管飛行員決定怎麼做，總要有個備用方案，以防萬一。但這個機長沒有。

「他們應該事先協調過，機場也報告過ＤＭＥ的步驟。但機長卻沒再提這件事。那時他們正被雲胞團團包圍，機長或許心想，離機場還有一．七公里，出了雲胞，就可以看到機場了。本來這麼做也沒問題。只是機長誤以為關島的ＶＯＲ在機場。他錯了，關島機場的ＶＯＲ設在四公里外的尼米茲山上。一般而言，你可以依照ＶＯＲ的引導直接降落在跑道上，但有些機場的ＶＯＲ的確不在機場。如果你跟著關島機場的ＶＯＲ降落，就會衝到尼米茲山。」

韓航八〇一號的機長知道關島機場ＶＯＲ的位置，機場飛行航圖記載得很清楚；再說，他已經飛過這裡八次，在出發前的簡報上，他還特別提起這件事。但這時已經是凌晨一點，他前一天早上六點就醒來了。

布萊納說：「我們認為這次空難事件也有人為因素在內。在事發當時，機長已經很疲倦了。你的飛行時間從晚上橫跨到清晨。以韓航八〇一號為例，他們抵達關島時，已經是韓國時間凌晨一點。在地面上停留幾個小時，等太陽升起，又要飛回韓國。機長一個月前就飛過這樣的行程，再次起飛前只能在頭等艙的座位小睡一下。機長在飛抵關島的前一刻，就曾提到他覺得很累。」

在此，我們看到韓航八〇一號已經遭遇了三個不利因素，就像哥倫比亞航空〇五二號：天候不佳、儀器有點小狀況，加上機長疲勞不堪。任何一個因素都不足以釀成空難，所以如果機組員可以同心協力、溝通無礙，還是可以克服難關。但這正是韓航八〇一號的問題。

以下就是韓航八〇一號失事前三十分鐘的座艙語音紀錄。機長提到他覺得很累。

（1點20分01秒）機長：如果這趟來回的時間有九個多小時，我們還能喘口氣。要是八小時，那就沒時間休息了……簡直快被操死了。也許公司是為了省下機組員住宿旅館的錢，而逼我們工作到極限……唉，不管怎麼說……我們只有被操死的份。

有人在座位上移動，發出窸窸窣窣的聲音。過了一分鐘。

（1點21分13秒）：機長：嗯……好睏。（話語聲無法辨識）

副機長：是啊。

下面就是這次飛行最關鍵的時刻。副機長提出問題了。

副機長：這裡的雨是不是多了點？我是說這個區域。

副機長這句話顯然是經過深思熟慮之後才說出來的。韓航的機組員關係，不像西方航空公司的機師那樣沒有距離。飛機短暫停留時，資淺的機師還要幫機長準備晚餐或買禮物送他。曾在韓航任職的一位機師說：「在我們機艙，機長就是老大，他想做什麼、什麼時候做、怎麼做，完全按照他的意思。其他人只能乖乖坐好，不得多嘴。」達美航空曾對某架韓航客機進行稽查，並在報告中提到這麼一件事：副機長誤會了塔台的意思，飛機因而誤闖另一架飛機的航道。「飛行工程師知道有問題，但他什麼話也沒說。副機長看情況不對，也沒說什麼……儘管天候良好，看得到外面，機組員卻看也沒看。

照這航向開下去，他們就到不了機場了。」這時，雷達發現錯誤了。接下來是最關鍵的一句：「機長用手背打了副機長一下，以示懲罰。」

用手背打副機長？

疑問在心口難開

韓航八〇一號起飛的那天傍晚，三位機師在金浦國際機場做行前準備時，副機長和飛行工程師都必須向機長敬禮，然後握手說道：「Cheo eom boeb seom ni da（請多多指教）。」韓國人說話的時候，必須根據相互關係和場合來選用適當的詞彙與語尾，分正式用語與非正式用語，從最恭敬、謙卑的到一般與平輩或小朋友說話的語法，就有六種以上。副機長對機長說話，一定是用敬語，絕對不能用與平輩溝通的平語。韓國人說話非常注重場合與彼此的地位。

韓國語言學家孫好玟（Ho-min Sohn）論道：

> 韓國人一起用餐，晚輩必須等長輩坐好、開動才能動筷子，不能在上司的

面前抽菸，和上司喝酒的時候，杯子還要藏在上司看不到的地方。和上司打招呼的時候一定要鞠躬。看到上司出現，一定要馬上起立，而且不能從上司面前走過。所有的舉止行為都要符合身分和階級。我們韓國有句諺語：「即使是喝水，也要講究長幼有序。」

因此，副機長說：「這裡的雨是不是多了點？我是說這個區域。」我們知道他的意思是：**「機長，你說要目視進場，而且沒有備用方案，現在天氣又這麼糟，衝出雲層之後真的可以看到跑道嗎？如果看不到呢？外面一片漆黑，還下著大雨，而且下降顯示器又壞了。」**

但是他無法說出這樣的話，只能暗示。後來，這個副機長就不再提天氣的事了。

這時，飛機暫時脫離雲層的包圍，機組員看到了遠方的燈光。

「那是關島嗎？」飛行工程師問道。過了一會兒，他又說：「沒錯，是關島。」

機長輕聲笑了一下，說道：「很好！」

事實上，情況並不好，這只是幻影。他們才剛脫離雲層，離機場還有三十二公里，前方還有暴雨在等著他們。飛行工程師知道這點，因為追蹤天氣變化是他的責任。

這時，他說了：「機長，天氣雷達幫了我們很大的忙。」

天氣雷達幫了我們很大的忙？又是暗示性的說法。飛行工程師心裡想說的其實和副機長一樣——**現在是黑夜，目視進場並不安全。看看天氣雷達告訴我們的：前面有麻煩了。**

在西方人聽來，韓航那個副機長提出問題，只說一次就不再講了，似乎很奇怪。西方人溝通有一個特點就是，說話者會把自己的想法清清楚楚地傳達給對方知道，毫不含糊，此即語言學家所說的「傳達者導向」。即使在佛羅里達航空空難事件中，副機長雖然只是向機長暗示積雪太多可能有危險，但他還是暗示了**四次**，每次都用不同的說法再度表達他的意見。或許他因為職位比機長低，不敢明說，但他還是照西方人的說話習慣，認為表達不清楚是自己的錯，才會說了這麼多次。

然而像韓國等亞洲國家，都是「接收者導向」，也就是**聽別人說話的人，要設法了解說話者的意思**。那個飛行工程師心裡認為自己已經說很多了。

孫好玟以一個韓國職員（金先生）與其科長的對話來做說明：

科長：好冷，我有點餓了。

（你去買酒和一點吃的回來吧。）

金先生：要不要來杯酒？

（我會去幫您買酒。）

科長：沒關係，算了。

（如果你再問一次，我就會說好。）

金先生：您一定餓了。我們出去吃點東西，好不好？

（讓我請客吧。）

科長：這樣好嗎？

（好！）

這種交談很微妙，必須敏於察覺對方的動機和欲望。換言之，這是有禮貌、有教養的東方人的說話方式。但就權力差距大的兩個人要做溝通，聽別人說話的那個人必須仔細聽，或者雙方有很長的時間可以慢慢說，以揣摩對方的心意。但在那個暴風雨的晚上，韓航八〇一號的機長已經很累了，只想早點降落，機場的下降顯示器又壞了，他必然沒有心思聽下屬在說什麼。

大家一起說英語

二〇〇〇年，韓航終於痛下改革的決心，延請達美航空的葛林伯格（David Greenberg）來管理航務。如果你不了解韓航的沉疴，就會覺得葛林伯格的第一步簡直莫名其妙。這第一步就是，評估所有機組員的英語能力。他說：「有的還不錯，有的則非常糟糕。因此我們必須設法增進他們的英語溝通能力。」第二步則是，與波音旗下的子公司翱騰航訓公司（Alteon）合作，讓翱騰來進行機師訓練計畫。「在這訓練過程必須完全使用英語，」葛林伯格說：「因為翱騰的教官都不會說韓語。」葛林伯格的策略說來很簡單，就是讓英語成為韓航的官方語言，如果你想繼續待在韓航，就得說一口流利的英語。「這不是整肅，」他說：「每個人的機會都一樣，公司也鼓勵你好好進修英語。」

葛林伯格會從語言著手，因為英語就是航空界通用的語言。機組員坐在駕駛艙內根據飛行檢查表條列的各個項目逐一操作，這些檢查表都是用英文寫的。此外，他們和全世界各地的塔台通話也都是用英語。

「如果你在空中交通壅塞時要降落在甘迺迪國際機場，語言是唯一的溝通方式。你不但得跟塔台人員通話，而且必須百分之百了解他在說什麼。如果機艙內的機長和副機長都是韓國人，不必說英語，但如果兩人針對塔台人員說的話發生爭執，就不能只用韓語了。」

葛林伯格希望，他手下的機師能用新的眼光看待自己的身分。這些機師因為沉重的文化包袱，難以擺脫原來的角色。葛林伯格利用語言，給他們一個轉換角色的機會。由於他們在機艙內只能用英語交談，與韓語如影隨形的階級差距、尊卑之分就不見了。機師藉由語言轉換，置身於另一種文化中。

葛林伯格的改革並非全面換血，把韓國機師全部解雇，改用美國人。他知道文化傳統力量很強大，而且無所不在，但這部分並非完全無可改變。他相信韓國人能夠誠實面對自己的文化包袱，如果這個包袱對他們的營運帶來負面影響，他們會願意改變。於是葛林伯格給他們改變的機會，讓他們從不同的觀點看待自己與工作的關係。

葛林伯格離開韓航之後，回到美國協助３６０貨運航空公司（Cargo 360）的創立。有一群韓國飛行工程師也跟著他去美國發展。這些飛行工程師，在韓航機組員的地位不如機長和副機長，儘管已經幹了十五到十八年，長久以來都習慣做聽話的「老三」。葛林伯格說：「我們重新訓練他們，讓他們和來自西方國家的機組員一起工作。果然有脫胎換骨的表現，不但認真負責，而且積極主動。」

這是擺脫文化包袱一個非常好的例子。如果我們了解文化、歷史與群體對飛行員的影響，就知道一架飛機會撞山的緣由。儘管如此，那家航空公司也不是無可救藥，還是有破解傳統魔咒的方法，進而反敗為勝。

但首先我們必須承認，我們常常忽視文化的因素。一九九四年，波音公司第一次發表飛航安全資料，用霍夫斯泰德的研究模式顯示，空難與文化面向的關係。為了不引起部分國家的抗議，波音飛行安全研究首席工程師解釋說：「這不是絕對的，只是顯示有一點關聯。」為什麼要如此畏畏縮縮？說來，每一種文化都有它的優勢和弱點，當然也都有某些傾向，為什麼我們難以承認，不敢面對？難道每個人只是自己生命與經驗的產物，與文化和群體無關？如果我們忽略文化，必然在劫難逃。

——

回到韓航八〇一號的駕駛艙。

「今天，**天氣雷達幫了我們很大的忙**。」現在沒有機師會這麼說。但那是一九九七年，韓航進行變革之前的事。機長已經很累了，根本沒把飛行工程師的話聽進去。因此機長只是隨口回答：「是啊，沒錯。」

飛機正朝向機場發射的VOR訊號行駛，而機場的VOR設在山上。他們還被雲胞包圍，因此什麼都看不到。機長把起落架放下，張開襟翼。

1點41分48秒，機長命令：「打開雨刷。」飛行工程師把雨刷打開。雨淅瀝嘩啦地下著。

1點41分59秒，副機長問：「看不到嗎？」他在找跑道，但沒看到。這時他感覺不妙。過了一秒，近地警告系統用電子合成語音通報：「五百英尺。」他們距離地面只有五百英尺了。這裡所謂的「地面」是指尼米茲山腰，但機組員一時糊塗，以為地面指的是跑道，所以覺得很奇怪，為什麼看不到跑道。接著，飛行工程師發出驚訝的一聲：「啊？」我們可以想見，這時他們已經心慌意亂，不知道飛到哪裡去了。

1點42分19秒，副機長說：「宣告誤失進場點。」這時，他不再只是暗示，而是開始執行機組員的任務，決定重新降落。根據這次的飛安事故調查，如果這時副機長全權在握，換他來駕駛飛機，應該還有時間把機頭拉起來，飛越尼米茲山。但那時副機長即使知道機長錯了，還是聽命於他。在飛行教室學到的原則是一回事，在高空中的駕駛艙面對機長又是另一回事，你要是做錯了，他可能馬上給你一拳。

1點42分19秒　飛行工程師說：「沒看到。」

最後，在大難臨頭之時，副機長和飛行工程師終於開口，要機長重飛，把機頭拉起來，重新降落。但這時已經太遲了。

1:42:21　副機長說：「沒看到跑道，誤失進場點。」

1:42:22　飛行工程師又說了一次：「重飛。」

1:42:23　機長說：「重飛。」

1:42:24:05　近地警告系統：「一百英尺。」

1:42:24:84　近地警告系統：「五十英尺。」

1:42:25:19　近地警告系統：「四十英尺。」

1:42:25:50　近地警告系統：「三十英尺。」

1:42:25:78　近地警告系統：「二十英尺。」

1:42:25:78　（最初撞擊聲）

1:42:28:65　（嗶——）

1:42:28:91　（呻吟聲）

1:42:30:54　（嗶——）

座艙語音紀錄到此為止。

CHAPTER 8

稻米文化與數學能力

一年三百六十日，日日早起下田去。

——中國俗諺

中國南部沿海工業區心臟地帶的入口，是鬱鬱蒼蒼的珠江三角洲。這片土地上方籠罩著厚厚的灰霾。高速公路交通壅塞，重型拖車一輛接著一輛。一條條電線在空中交錯，像是黑色的蜘蛛網。這裡有無數的工廠，生產照相機、電腦、手錶、雨傘、T恤等，旁邊是櫛比鱗次的公寓樓房和果園。果園種植香蕉、芒果、甘蔗、木瓜、鳳梨等出口水果。在二、三十年前，這裡的天空是藍的，公路也只有兩條車道，放眼望去都是綠油油的農田。

從珠江入海口進去，兩個小時後即抵達廣州市，再過去，就可以看到古老中國留下來的影子，田野風光美得令人屏息。南嶺群峰挺拔，矗立著巍峨奇特的石峰。農村處處可見傳統黃泥屋。小鎮的菜市場很是熱鬧：小販把雞、鴨關在竹編籠裡叫賣，賣菜的把蔬菜擺地上，肉販把一塊塊切好的豬肉擺在攤子上，還有人在賣粗粗的手捲菸。放眼望去，阡陌相連。冬季，稻穀收割完畢，田地乾燥、荒蕪，只剩乾枯的稻梗。春天，大地有了雨水的滋潤，稻苗又吐出新綠，到了收割時節，稻穗結實累累，風吹起舞，猶如金黃波浪。

中國種植稻米已有幾千年的歷史。稻米栽培技術也是從這裡傳到東亞各個地區，如日本、韓國、新加坡和台灣。自古以來，亞洲地區的農民都日復一日，年復一年，在田裡辛勤耕作。中國稻田是精耕細作型，有別於西方作物的粗放經營。要種小麥，只要把一片土地上的樹木、灌木和石頭清理乾淨，就可犁地。種植稻米則必須依地形不同，如山坡地、沼澤地或沖積平原等，開闢為梯田或水田。灌溉對稻田來說非常重要，因此田地四周必須開挖灌排溝渠，不但需要豐沛的水源，而且要設置閘門，以精確調控進出稻田的水分。

稻田底下必須是堅硬的黏土層，水分才不會流失，但秧苗不能直接插在黏土層上，在黏土層上還要有一層有黏粒、軟軟的底土，即黏土盤，這麼一來，土壤水分含量和土表覆水高度，才能保持在最佳狀態。稻田還需要不斷施肥，這又是另一門學問了。過去農民多用充分發酵腐熟的人糞尿作為肥料，以及草木灰、河川淤泥、豆渣和山黃麻等做成堆肥。肥料的使用不但分量必須適中，也要選擇適當的時機。

在播種時，選種也是重要步驟。中國農民會從好幾百種稻米中選擇最適合的一種。所有品種的粒色、粒形、穗形、株高、耐旱程度等各有不同，生長速度和最後的產量也有差異。如果覺得只用一個品種會有風險，農夫也可能根據每一季的雨水、氣溫等條件，一次種植十來種不同品種的稻米。

選好品種之後，農民必須先找一塊田地育苗，此即秧田。過了幾週，稻苗長大了之後，才會按照一定間隔（約十五公分），將秧苗小心翼翼地插進稻田中。

插秧之後必須時時呵護，見雜草長出，即用手拔除。雜草不除，則秧苗的成長就會受到影響。農民也會用桂竹編的蟲梳來除蟲，還要常常注意、檢查水位的變化，確保水溫不會因夏季烈日的照射變得過熱。等到稻穗成熟，農民就號召一家老小及親友一同收割。有些地帶稻作可二熟，收割就得搶快，在乾旱的冬季來臨前，再栽種、收割一次。

在中國，南方人早餐喜吃粥，配時蔬、魚丸或筍絲，午餐也吃粥，晚餐則吃米飯，上面再蓋上主菜。農民把自家生產的米拿到市場去賣，賺了錢才能買其他的生活必需品，所以稻米的產量是衡量財富和地位的標準。農民因此時時刻刻都掛念田裡的作物。對傳統中國農村頗有研究的人類學家桑多斯（Gonçalo Santos）說道：「稻米是南方人的命根子。沒有米，你就活不下去。有了米，才能生生不息。」

亞洲的數字命名系統

請看看下列數字，並大聲地念出來：4、8、5、3、9、7、6。好，現在轉過頭去，花二十秒把這串數字背起來，再大聲說出來。如果你是以英語為母語者，正確無誤說出來的機率約是一半。然而，你若是中國人，幾乎每次都可答對。為什麼呢？

在人類大腦中，負責語文訊息短暫儲存的聲韻迴路部門，對聲韻和語言訊息的保留大約是兩秒。因此，我們在兩秒內複誦的訊息都很容易記起來。由於中文數字的發音非常簡短，在兩秒內就可念完4、8、5、3、9、7、6這串數字，但以英語為母語者，常常說一個數字就要耗掉一、兩秒。

神經學家戴亞恩（Stanislas Dehaene）在《數字感》（*The Number Sense*）一書舉例解釋：

> 中文數字發音極為簡短，大多數的數字可在不到四分之一秒的時間說出來（如4、7），而英文數字four、seven則需要長一點的時間，大約是三分之一秒。因此背誦一串數字，用英語比說中文需要更長的時間。世界上的語言很多，有威爾斯語、阿拉伯語、中文、英文、希伯來文等，數字構音速度和記憶廣度大有關係。構音速度最快的就是廣東話，香港人的數字記憶超強，一次可像連珠炮般背出十個數字。

西方語言和亞洲語言的數字命名系統，有很大的不同。例如14、16、17、18這幾個數字的英文是：fourteen、sixteen、seventeen、eighteen。有人或許會認為，11、12、13、15應該是oneteen、twoteen、threeteen、fiveteen，但並非如此。這幾個數字正確的說法是：eleven、twelve、thirteen、fifteen。同樣地，forty（40）、sixty（60）看起來和four（4）、six（6）有明顯的關聯。至於fifty（50）、thirty（30）、twenty（20），發音似乎和five、three、two有點像，但還是有一段差距。雖然大於二十的數字，我們會照一定的規則，先說十位數，再說個位數，如twenty-one（21）、twenty-two（22）；

但十一至十九的數字，我們又倒過來，先說個位數，再說十位數，如fourteen（14）、seventeen（17）、eighteen（18）。可見英文的數字命名系統很不規則。相形之下，中文、日文、韓文的數字說法都很有規則，而且合乎邏輯，如中文的二位數「十一」、「十二」、「二十四」，都是先說十位數，再加上個位數。

因此，亞洲兒童學算術要比美國小孩快。一般四歲大的中國兒童就能從一數到四十；而同年齡的美國小孩只能數到十五，大多數孩子要到五歲，才能數到四十。換言之，以基本數學能力而言，美國小孩要比中國小孩落後一年。

由於數字命名系統的規律，亞洲兒童很容易學會加法。如果你叫任何一個以英語為母語、七歲大的孩子做這樣的心算：三十七加二十二，那孩子必須先把聽到的數字轉化為阿拉伯數字：37＋22，然後再進行計算，個位數加個位數，十位數加十位數，算出答案為59。如果你要一個亞洲孩子做同樣的題目，他一聽就可以立即進行計算，不必轉化為阿拉伯數字。

對東西方文化差異做過不少研究的西北大學心理學家福森（Karen Fuson）說道：「亞洲的數字系統讓人一目瞭然，他們對數學的態度也和西方人大不相同。亞洲兒童不只是死記硬背。我發現他們還會做類型或樣式的辨認、分析，對自己的能力有信心，而且認為這樣運算很合理。就拿分數來說，如3／5，英文的表示法為three-fifth，但中國人說『五分之三』，已會區分分母和分子。」

福森論道，由於數字命名系統的語言結構笨拙，加上基本規則看起來沒什麼道理而且複雜，西方孩子到了小學三、四年級就更討厭數學了。

相形之下，亞洲兒童對數學沒有這種困惑。他們的腦袋可以暫時儲存更多的數字，要做計算也比較快，例如分數在他們語言的表達法和分數的意義完全一樣，他們就比較喜歡數學，因為比較喜歡，就願意多努力、多上課、多做題目，形成一種良性循環。

換言之，**以數學而言，亞洲人有與生俱來的優勢，而且這是一種很特別的優勢**。多年來，來自中國、韓國或日本的學生，或是那些國家移民的孩子，在數學上的表現，遠比西方國家的學生要來得好。一般以為，亞洲人天生數學能力就強。[1]英國心理學教授林恩（Richard Lynn），甚至發表全球智商地圖，分析人種智商差異的演化基礎，認為智商和生存環境有關。他說，東亞地區的人民因天氣寒冷、求生不易，在演化的驅力下變得比較聰明，才能生存下去，因此亞洲人的智商比較高。[2]我們也發現，西方小孩數學能力不如亞洲兒童。我們認為，一個人要是微積分和代數很強，必然是聰明使然。但我們也可從東、西方的數字命名系統看出端倪——數學能力的好壞可能也有**文化**根源。

正如前面章節討論的，文化差異可能造成韓國機長駕駛飛機的包袱。文化遺產有驚人的效應，因此不可小覷。我們已知權力差距會影響工作表現，而在四分之一秒或三分之一秒說出一個數字，這種數字記憶力的差距，也會影響數學能力的表現。我們不由得好奇，對二十一世紀的我們，文化還有哪些影響。稻米文化是否跟我們的數學能力有關？是否祖先代代務農，數學就能高人一等？

1　根據國際測驗的比較研究，日本、南韓、香港、新加坡和台灣的學生，數學能力在全球學生排行名列前茅；美國、法國、英國、德國等西方工業國家的學生，排行約在全球的前二六％到三六％之間，可見東西方學生的平均數學能力差異很大。

2　林恩提出的亞洲人智商較高理論，遭到不少專家的反駁。許多專家都認為，他的採樣太集中於都市和收入中上的家庭。世界智商研究權威弗林（James Flynn）則提出相反的說法。他說，雖然亞洲人的數學能力比較好，但過去亞洲人的智商，還是比西方的白人低一點，可見他們數學好，不是智商之賜。參看《非關智商：亞裔美人的表現》（*Asian Americans: Achievement Beyond IQ*）。

稻農要多付出十到二十倍努力

種稻最特別的一點是面積。一畝田很小。除非你曾站在稻田中央，否則難以感覺。一畝田大概就像飯店房間一樣大小。在亞洲，一戶農家一般有二、三畝田。如果在中國，一個村子有一千五百名農夫，耕作總面積則差不多是一百八十公頃。但在美國中西部，光是一戶農家耕作的土地面積，可能就有這麼大。如此看來，在中國，如是五口之家或六口之家，要靠兩畝田活下去，農業面貌必然和美國大異其趣。

西方農業向來是「機械取向」。西方農民如果想要增加產量或生產效率，就得引進更好的機械，以取代人力，如打穀機、飼草壓捆機、聯合收割機、曳引機等。因此，只要有機具，農民付出相同的勞力，耕作的面積就可以擴大。但在日本或中國，農民沒有錢買機械，再說也難以取得更多的土地，只能善加利用腦力與時間，做更好的選擇，來增加產量。正如人類學家布雷（Francesca Bray）所言，稻米的栽種是「技術取向」：如果你願意辛勤除草，掌握施肥的技巧，多花點時間注意田裡的水位，讓黏土盤更為平整，善加利用每一吋田地，就能有更大的收穫。無怪乎有史以來稻農最為勤奮，可謂滴滴血汗粒粒米，辛勞的程度遠超過種植其他作物的農民。

真的嗎？在我們的印象裡，史前時代的人不也是每個人都要為生活打拚，才不會餓死？其實不然，以狩獵－採集營生的古人過的日子可悠閒了。現在，我們仍可在非洲波札那喀拉哈里沙漠發現，最後的狩獵－採集族群，他們就是屬於非洲土著布須曼人當中的孔族（Kung）。孔族人有各種水果、莓果、根莖類食物可採來吃，當地盛產一種叫作蒙果（mongongo nut）的堅果，含有非常豐富的蛋白質。因此，他們可說是一群可不勞而獲的幸運兒，不必耕種，就有源源不絕的食物。種植作物的前置作業、栽種、除草、收割、儲藏，都要花費相當多的勞力和時間。孔族人也不豢養家禽、家畜，偶爾會去打獵，但不是為了捕獵野味，而是為了好玩。總之，孔族人一個星期只要工作十二到十九個小時，還有很多時間可以跳舞、玩樂、拜訪親友，一年頂多工作一千個小時。（曾經有人問孔族人，為什麼他們不種植作物？那人大惑不解地反問：「我們有這麼多蒙果可吃，還要種什麼東西呢？」）

十八世紀的歐洲農民生活也不至於太辛苦，或許一大早起床工作，中午打道回府，一年工作兩百天，每年工作時數約是一千二百個小時。但在春天播種和秋天的收割時節，每天工作時間比較長，而在冬天則幾乎都待在家裡休息。史學家羅柏（Graham Robb）在《發現法國》（*The Discovery of France*）一書中論道，直到十九世紀，法國農民休息的時間比勞動的時間要來得長。

他說：「在這個時期的法國農村，百分之九十九的勞動都集中在春末到秋初這段時間。」庇里牛斯山和阿爾卑斯山的農村，從十一月降下初雪到翌年三、四月幾乎都在冬眠。而冬天氣溫很少降到零度以下、氣候溫和的區域也是一樣。羅柏繼續論道：

西北法蘭德斯地區的農田荒廢時日居多。一八四四年，涅夫勒省（Nièvre）有一官方報告提到，當地勃艮地農民在葡萄收成，葡萄藤燒成灰化為肥料，把工具修理好之後，幾乎一天到晚都躺在床上不動。他們用毛毯把身體緊緊地裹起來以保持溫暖，而且很少吃東西。

這種冬眠有生理和經濟方面的原因。首先，降低身體新陳代謝速率可避免食物不足造成的飢餓……在革命之後，亞爾薩斯和北加萊海峽省的官員也抱怨當地的釀酒人和農夫，冬天在家裡連一點簡單的手工藝也不做，完全不事生產，悠悠忽忽地過日子。

如果你是中國南方的農民，你不會一整個冬天都在睡覺。從十一月到翌年二月的旱季，你還有很多事要忙，像是編竹籃、草帽，拿到市場去賣，疏濬田裡的排水溝渠，修補房子等。你會叫家裡的孩子去鄰村的親戚家裡打零工。而你在家裡做豆腐、豆干、抓蛇（對中國人來說，蛇肉質細嫩，可說是珍饈佳餚）、捕捉蟲子。到了立春，又回到田地幹活。同樣大小的一塊田地，比起種玉米或小麥，種稻要付出十到二十倍的勞力。有人估計，在亞洲種植水稻的農民一年工作時數多達**三千個小時**。

貧困中長出種稻智慧

請試著想像，珠江三角洲稻農過的生活。一年三千個小時，這樣的工作時數實在驚人，特別是這種工作很辛苦，大多數時間都在烈日下的田地裡耕作、除草。

這樣的工作又有什麼意義？首先，稻農就像紐約成衣工廠裡的猶太移民，付出的勞力和收穫是成比例的。你愈努力，產量就愈大。其次，種稻很複雜，不是春耕之後，就可等著秋收，必須集結全家人的力量，還要面臨很多挑戰和不確定的因素，像是選種、灌溉系統，且在第一次收割之時，就要立刻準備播種，以便在冬天來臨前，再收成一次。

中國農民最特別的一點就是，他們都是自動自發的，不是被強迫下田的奴隸。過去歐洲，農夫等於是為貴族做牛做馬的奴隸，只能獲得一點酬勞，不至於餓死，對自己的命運幾乎沒有什麼掌控權。但在中國和日本的農民沒受到這種壓榨，因為種稻過於複雜、辛苦，如果不是自動自發，日日到田裡勞作，就無法豐收。因此封建制度無法推動稻米經濟。中國到了宋代，由於土地制度轉為自由買賣和契約化，只須繳納一定的稅金、地租，就可自由耕作。

史學家彭馬蘭茲（Kenneth Pomerantz）說道：「種水稻不但要付出相當多的勞力，還要講求精確。你得細心照顧田地。在灌溉之前，畦面必須平整，即使有一點不夠平整，就會影響到你的產量。灌溉的時間也必須拿捏得很準。秧苗之間也得保持一定的距離，不得馬虎。不像種玉米，如果你在三月中播下玉米的種子，只要月底前有下雨，就過關了。但是種稻，你得掌握所有的環節。既然這麼辛苦，地主如果不給農民相當的誘因，農民就不會心甘情願去做，產量就差強人意了。如果收穫愈多，所得愈多，農民就肯賣命了。因此，定額賦稅制對農業增產大有好處。如果地主對佃農說，我只拿一石（一百公斤），其餘的都歸你，佃農就有努力耕作的強烈誘因。奴隸制或工資制在種植稻米的農業社會是行不通的。這種農民不可能細心調控灌溉閘門，心想時間多一點或少一點，又有什麼關係。」

史學家亞庫許（David Arkush）曾比較俄國和中國農民格言，從中發現兩者的思維大異其趣。傳統俄國格言說：「上帝要不給，土地就不長。」這表達出封建制度底層農民的悲觀與宿命。反正再怎麼做，都是別人的，還有提高效能的必要嗎？反之，中國農民則相信勤勞苦幹、謹慎計畫、自食其力和團結合作，認為只要這樣努力，總有一天會開花結果。

中國農民一年工作三千個小時，頭頂烈日，汗流浹背，腳踩泥巴（還可能被田裡的水蛭咬傷）。以下就是傳統中國農家格言：

「一滴血汗一粒米。」
「農人不忙，如何過冬？」
「冬日凍死懶人。」
「靠天吃飯魚上灘，靠手吃飯鳥投林。」
「莊稼活，不要問，除了工夫就是糞。」
「人勤地生寶，人懶地生草。」

中國人說：「一年三百六十日，日日早起下田忙，夜夜戴月荷鋤歸，豐衣足食人安樂。」換言之，要是無法做到一年三百六十天，日日辛勤耕作，家人就沒有好日子過。對不勞而獲的孔族人或一整個冬天都在睡覺、休息的法國農夫，恐怕難以想像生活會有那麼艱苦。當然，亞洲文化的這個特點我們並不陌生。你去美國任何一所大學校園，每個人都可以告訴你，在圖書館裡待最久的就是亞洲學生。雖然有些亞裔學生對這樣的說法不以為然，認為西方學生是用這種樣板來嘲笑他們，不管怎麼說，認真勤奮還是一項美德。本書提到的每個成功的人或群體，無不是比其他人要來得努力。比爾・蓋茲中學時期不是黏在電腦前面嗎？比爾・喬伊也以電腦室為家。披頭四在漢堡駐唱那段時間，每個晚上都要賣唱八、九個小時。而大律師傅榮在機會來臨之前，早不知磨練多久了。**成功者的共通點就是努力。種稻的智慧就在於從貧窮、困苦中找到意義。**亞洲學童的數學特別好，追本溯源，和這樣的文化大有關係。

小護士的代數課

幾年前，柏克萊數學教授熊恩菲德（Alan Schoenfeld），拍攝了一個叫作蕾妮的護士做數學題的過程。蕾妮二十來歲，留著黑色長髮，戴著金絲邊眼鏡，在影片中玩一種學習代數的軟體。電腦螢幕上有 y 軸和 x 軸。如果她 y 軸輸入的數值為5，在 x 軸也輸入5，螢幕上出現的圖形則為圖8-1。

此時，我想，你對中學時期上的代數課還有一點模糊的回憶。其實，如果你完全忘記，也沒關係，我想你可以了解我舉這個例子的用意。在接下來幾段，你要把焦點放在蕾妮為什麼要這麼說，以及她是怎麼說的。她說了什麼，倒不是那麼重要。

熊恩菲德寫這個學習軟體的目的，在教學生如何計算斜率。什麼是斜率？（我想，你可能不記得了，像我就已經忘得一乾二淨。）所謂的斜率就是，y值的數值比上x軸的數值。如果y＝5，x＝5，斜率就等於1。

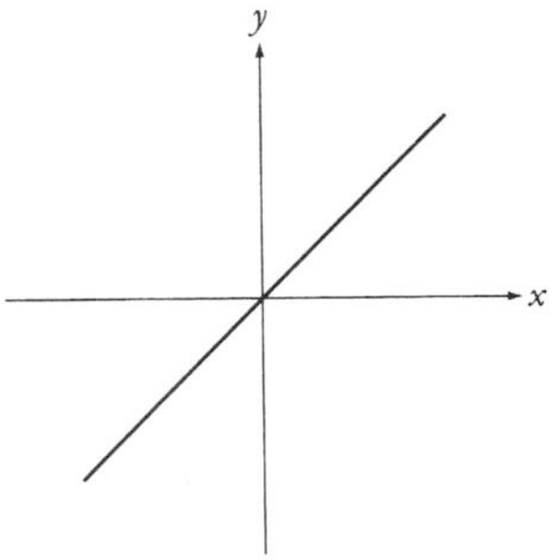

圖8-1　輸入y=5的直線

蕾妮坐在電腦前，想要知道輸入什麼樣的數值，才會出現和y軸重疊的直線。如果你還記得中學數學，就知道這是不可能的，因為垂直線無斜率可言。若x軸的數值為0，而y就可能是y軸上的任一數值，所以會有無限多個。

但蕾妮並不了解這一點，不知道這根本是不可能的。如熊恩菲德教授所言，她雖然錯了，可是「錯得可圈可點」。這也是何以熊恩菲德要用這捲錄影帶作為範例。

蕾妮是護士，過去對數學並無特別興趣，但她一用這個學習軟體，就覺得興味盎然。她說：「我想用這個軟體畫一條和 y 軸平行的直線。」熊恩菲德就坐在旁邊看她做。她看教授一眼，忐忑不安地說道：「我已經五年沒做過數學題了。」

她試著輸入各個不同的數值。「我看看，如果減掉 1……看斜率會不會改變。我是想把這條線變成一條直線。」

她輸入數值，線條出現了。「啊，這樣不對。」她很困惑的樣子。

熊恩菲德問她：「妳想做什麼？」

「我想畫出一條和 y 軸平行的直線。那要怎麼做呢？我想，我得再改變數值。」她指著輸入 y 軸數值的地方。「我發現如果把 1 改為 2，就有很大的不同了。但是如果要變成我要的直線，就得一直改變。」

蕾妮就是錯在這裡。她已經注意到y軸的數值變大，線就會變陡，因此以為y軸的值只要夠大，就可以成功畫出一條垂直線。「我想，12或13或許可以吧，可能要到15才夠。」她皺著眉頭，問了熊恩菲德幾個問題，他也盡可能指引她繼續下一步。她試了又試。

她輸入20，發現線變得更陡了一點（圖8-2）。

又輸入40試試看。果然比先前的線更陡了（圖8-3）。

「我大概知道其中的關聯了。但這是怎麼回事呢？我不懂……如果我鍵入80呢？如果40已經成功了一半，80應該就可以變成垂直線。那就試看看

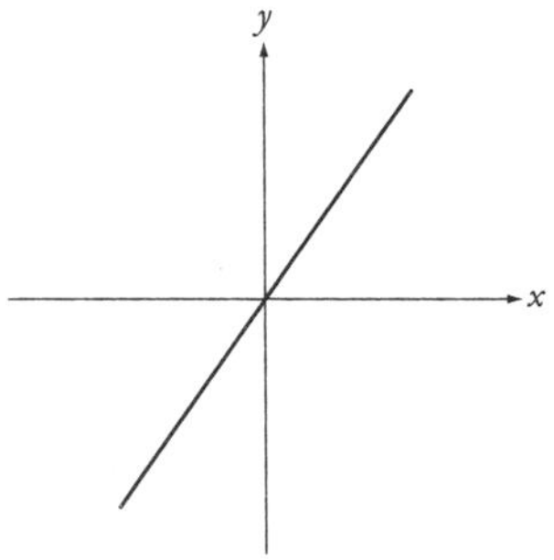

圖8-2　輸入y=20的直線

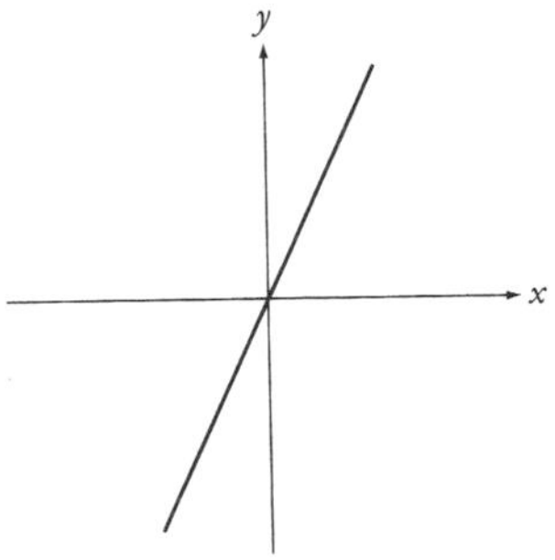

圖8-3　輸入y=40的直線

吧。」

她輸入80，又更陡了，但還不是完全垂直的線條。

「啊，應該是無限大，是不是？那我永遠也畫不出來了。」蕾妮已經接近答案了，但她又落入原來的陷阱。

「怎麼辦呢？100嗎？每次數值加倍，就更接近了。但好像永遠也不能變成垂直……」她輸入100（圖8-4）。

「相當接近了。可是還沒垂直……」

她自言自語，顯然她已經快想出來了。

「嗯，我知道了……但是……每次增加，就更接近了，但我還是不知道為什麼會這樣……」

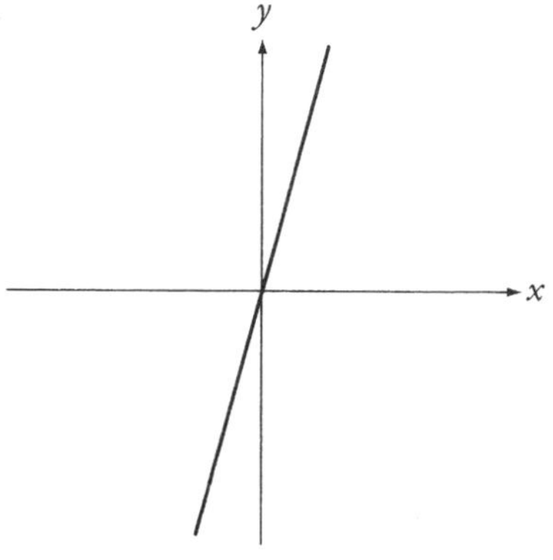

圖8-4　輸入y=100的直線

她在這裡打住，瞇著眼睛看螢幕。「真奇怪。明明差一點就成功了……」

接著，她終於恍然大悟。

「啊，我知道了！應該是y軸上的任何數值，x軸為0！」她露出得意的笑容。「垂直線就是x軸為0，y軸可能是任何數值，那樣的斜率是無定義的，也就是斜率無窮大。啊，原來如此，我不會忘記了！」

學好數學的祕訣

熊恩菲德教授在他的教書生涯中，不知為多少學生拍攝過解題錄影帶。他最喜歡為蕾妮拍的這一段，因為這段影片可以呈現學習數學的祕密。蕾妮足足解了二十二分鐘，最後說：「啊！我終於知道了。」二十二分鐘已經算是很長的一段時間。熊恩菲德教授說：「這是八年級的數學。如果是一般八年級的學生來做這道題目，試了幾次之後，或許會說：『實在想不出來。請你解釋給我聽。』」熊恩菲德曾讓一群高中生做一道數學習題，看他們願意做多久，才會宣告放棄。最短的是三十秒，有人則做了五分鐘，平均解題時間為二分鐘。

但蕾妮還是堅持下去，她不斷嘗試，回過頭來不斷思索，而且把思考的過程說出來。她一試再試，就是不肯輕易放棄。她隱隱約約感覺到自己想的有不對的地方。但她一定要弄清楚究竟是怎麼一回事。

蕾妮並沒有數學方面的天分。像斜率和無定義的概念對她而言，都不是那麼容易了解。但熊恩菲德還是認為她讓人印象深刻。

「我想了解她為什麼這麼不屈不撓，」熊恩菲德說：「有人知道答案，說道原來如此，就走開了。但她不是這樣的人。像她這樣的人實在很不尋常。」他把錄影帶倒帶回來，繼續解說。畫面上的蕾妮露出恍然大悟的神情。熊恩菲德說：「她和其他學生不同，會再次細看，想想這到底是怎麼回事，為什麼和她原來想的不同，並進一步追根究柢。最後得到答案，才恍然大悟，說道：『啊，原來如此。』」

熊恩菲德在柏克萊開了一門課叫「問題解決」，為的是幫學生去除解題的壞習慣。他對學生說：「我有一道題要給你們帶回家做，時間是兩個星期。我知道你們的習慣。如果有兩個星期，第一個星期，你們一定不會去碰，等到第二個星期才會開始做。我要警告你們。如果你第一個星期完全不做，只剩一個星期的時間，絕對解不出來。如果你在拿到題目的第一天就開始想，或許會覺得這太難了，根本就解不出來。但我向你們保證，只要你們從第一天就開始努力，到了第二個星期，一定會有進展的。」

我們有時候認為，數學能力是天生的，有人天生數學就比較好，有人則是數學白痴。但熊恩菲德認為，與其說數學好壞是能力有別，不如說是**態度**問題。如果你願意努力嘗試，數學就會變好。這就是熊恩菲德教授希望學生明白的道理。如果有一道題目，一般人只願意想三十秒，想不出來就放棄了，你卻願意花二十二分鐘去思考，這樣的堅持就是成功的關鍵。如果一個班上的學生每一個都像蕾妮，給他們努力的空間和時間，假以時日，必然會有非凡的表現。或者想像有一個國家，大多數的人民都像蕾妮一樣認真、勤奮，那種努力不懈已成為文化特質的一部分，就像阿帕拉契山區坎伯蘭高原居民的榮譽心那樣，深植於人民的性格之中，該國人民的數學表現必然不差。

每四年，國際教育成就調查委員會，在全球五十多個國家或地區，針對各國中、小學生科學及數學成就表現進行調查，這就是「國際數學與科學教育成就趨勢調查」

（TIMSS）（參看第1章的討論）。參加這個調查考試的學生還必須回覆很長的問卷，上面有諸多問題，包括父母的教育程度、對數學學習的看法，以及他們的朋友是什麼樣的人等。問卷題目約有一百二十題，很多學生還有一、二十題沒做完就交了。

參加TIMSS的國家或地區學生，回答問卷的數目多寡有別。你猜，各國學生回答問卷的題目多寡，與數學能力排行名次相較，結果如何？你會發現，兩者的結果幾乎完全一樣。換言之，願意專心、花時間回答問卷的學生，數學成績也比較好。

這是賓州大學教育學家博伊（Erling Boe）無意中發現的。他說：「我完全沒想到有這樣的巧合。」然而他認為這樣的巧合匪夷所思，所以還沒在科學期刊上發表這個發現。請注意，他不是指完成問卷的能力和數學好壞有關，而是指那兩項排行的順序根本**完全相同**。

讓我們從另一個角度來看博伊的發現。假設在每年舉辦的奧林匹克數學競賽，每個國家都派出一千名八年級學生組成的隊伍參賽。但主辦單位**不必考學生任何一個數學題目**，只要看他們是否願意努力解題，就可評定數學能力好壞。其實，連競賽都可免了，只要看學生屬於哪一個國家，他們國家有什麼樣的文化，是否強調勤勞和努力，就可以知道成績了。

那兩項排行的名次為何？你可能已經猜到結果。前五名是新加坡、南韓、台灣、香港和日本。這五國有何共同點？在這些國家的文化傳統，稻米的種植都占重要地位。[3]幾百年來，這些地區的農民都在田裡辛勤耕作，一年工作時間長達三千個小時。他們對彼此耳提面命，一年三百六十日，沒有一天可以偷懶，否則家人就不能過好日子。[4]

3 此處有兩點需要略作說明。中國未在排行榜上，是因為中國未加入TIMSS。但我們可從台灣和新加坡學生的表現推斷，中國學生應該也不錯。
其次，中國北方以旱作農業為主，種植的是小麥，和西歐比較近似，中國北方人的數學能力如何？和南方人及東亞其他地區一樣好嗎？我們仍不知道。心理學家弗林指出，移民西方國家在數學方面表現傑出的中國人，大都是南方人。從麻省理工學院以優異成績畢業的中國學生，大多數也來自珠江三角洲。弗林還發現，華裔美國人中，學習成就最低的是來自廣東四邑地區。四邑在珠江三角洲邊緣「土壤貧瘠，無法精耕細作」。

4 已有學者就亞洲學生的努力不懈進行研究。史丹佛教授布林克（Priscilla Blinco）給一群小學一年級的日本和美國學童一道很難的題目，測量他們嘗試的時間。美國學童平均九．四七分鐘就放棄，而日本學童則是十三．九三分鐘，願意比美國學生多投入四〇%的時間。

CHAPTER

9

知識力學校

現在，我的朋友都是知識力學校的同學了。

一九九〇年代中期，知識力學校[1]誕生了。這所公立學校推行的是實驗教育，地址在紐約市魯戈瑞格中學（Lou Gehrig Junior High School）四樓。魯戈瑞格中學位於紐約學區的第七區，即南布朗克斯，是貧民最多的一區，學校是棟鉛灰色的低矮建築，校舍是四十多年前興建的，對面是一棟棟冷峻高聳的摩天大樓。再走幾條街就到了布朗克斯區最重要的幹道大廣場街（Grand Concourse）。這一帶在入夜之後，由於暴力事件頻傳，獨自一人行走，不免膽戰心驚。

1 知識力學校（KIPP），即「知識就是力量教育計畫」（Knowledge Is Power Program）的縮寫。

知識力學校屬於中學，學生從五年級到十二年級都有。一個班級有很多學生。五年級的學生分為兩班，每班各三十五人。這所學校沒有入學考試，也沒有入學申請資格限制，一律抽籤入學。以布朗克斯區為例，所有四年級的學生都可以去抽籤。入學的學生半數是非裔，半數是西班牙裔，四分之三來自單親家庭，九〇%的學生因家境清寒，可獲得免費營養午餐、或午餐費用減免。

從學生的家庭背景來看，這樣的學校似乎和其他貧民區的學校沒什麼兩樣，可能有很多讓人頭痛的問題學生。然而，你一走進知識力學校，立刻可以感覺到這所學校大不相同：學生在走廊上井然有序、安安靜靜地列隊前進。在教室，如果要說話，則必須遵守學校規定的交談原則：微笑、站起來、發問、仔細傾聽並點頭，以及看著別人。學校走廊擺放好幾百面大學校旗——那些都是校友畢業後申請就讀的學校。去年，在布朗克斯區，參加知識力學校入學抽籤的有好幾百個學生，但只有四十八名學生可以抽中。知識力學校自創校以來不過十來年的歷史，已成為紐約市大家最想擠進去的公立學校。

知識力學校的強項就是數學教育。在南布朗克斯全部的中學生當中，只有一六%數學可拿到及格以上的分數。但在知識力學校，五年級學期結束時，很多學生都說，數學是他們最喜歡的科目。知識力學校的學生，七年級開始上代數，到了八年級學期結束，有八四%的學生都在及格以上。雖然這些學生是在抽籤的安排下隨機入學的，多半來自貧窮家庭，父母絕大多數都沒上過大學，但是他們的表現還是不輸來自有錢家庭、美國私立名校的學生。在一九九四年，與另一位教師創辦知識力學校的芬伯格（Michael Feinberg）說道：「我們的孩子閱讀能力符合要求，寫作能力有待加強，但到了畢業時，都已經愛上數學。」

美國現在已有五十所以上的知識力學校，還有更多正在籌設當中。知識力學校已成為當今美國教育實驗的成功典範，但這些學校成功的關鍵，不在課程安排、師資、資源，也非制度改革，而是重視文化遺產。

學太多有礙身心健康？

在十九世紀初期，美國有一群教育改革者著手設立公立學校。那時，鄉下地方的公立學校很小，只有一間教室，而城市地區的學校則人滿為患。鄉下學校春季和秋季都關閉，好讓學生在農忙時節可以幫忙家裡播種或收割，而城市地區的學校，由於家長工作時間長而且不固定，為了配合家長，學生留在學校的時間也很長。那些教育改革者希望，所有的孩子都有學校可讀，而且能在學校學會閱讀、書寫、數學等，將來才能成為有用的公民。

史學家高德（Kenneth Gold）指出，美國早期教改者非常擔心學生學得**太多**。例如，一八七一年美國教育統籌委員會，就出版精神科醫師賈維斯（Edward Jarvis）的研究報告〈教育與瘋狂的關聯〉（Relation of Education to Insanity）。賈維斯研究一千七百四十一個精神病案例，認為其中有二百零五個是「過度學習」造成的。賈維斯論道：「教育問題是很多精神疾病的根源。」麻州另一位公立教育先驅曼恩（Horace Mann）也提出類似看法：「學生過於認真，對品格和生活習慣會有不良影響……心靈過度刺激有害身體健康。」那個時代的教育期刊，不時可見學者大聲疾呼，不可給學生太大的學習壓力和功課，以免原本的能力受到影響。

根據高德的描述：

在十九世紀，那些教育改革者努力減少學生用功的時間，認為長時間的休息有助於修補心靈受到的損傷。因此，星期六就不用到校，每天也提早下課，延長放假的時間，並警告老師：「如果學生必須讀書，也不能長時間坐著不動，否則心理健康會受到影響。」休息則是加強認知和分析技能的好機會。《麻州教師》（*Massachusetts Teacher*）期刊還有一篇文章提到：「休息才能從緊張的狀態得到放鬆。所有的人，不管是學童或成人，都必須養成思考和反省的習慣，形成自己的結論。這麼一來，才能培養獨立精神，不會被老師或權威牽著鼻子走。」

要努力，也要休息，兩者不可失衡，這種觀念和亞洲的注重勤奮實在有很大的差距。亞洲會有這樣的觀點，是稻米種植文化形成的。珠江三角洲的稻農一年播種兩次，甚至可以三次，土地休耕的時間短暫。土地可以維持這樣的肥力，主要來自灌溉的養分，土地也就愈耕愈肥。

但西方農業剛好相反。每幾年土地就必須長時間休耕，否則會耗盡土壤肥力。因此，到了冬天，田野一片空無。一年農忙時期只有春耕和秋收，夏天和冬天無所事事，生活步調緩慢。美國十九世紀的教育學家認為，年輕人的心靈就像大地，雖然需要栽培、鍛鍊，但不可太過，不然就有枯竭的危險。要避免枯竭，最好的處方就是漫長的暑假。這種教育觀直到今天仍影響深遠，學生都認為放暑假理所當然。

表9-1

分級	一年級	二年級	三年級	四年級	五年級
低	329	375	397	433	461
中	348	388	425	467	497
高	361	418	460	506	534

學習的問題在暑假

美國教育辯論很少觸及暑假的問題。幾乎所有人都認為，這是學校生活的一個特點，就像畢業舞會或畢業旅行。但請看表9-1三組小學生的考試成績，再想想漫長的暑假是否真的有益心靈和學習。

這些數字是約翰霍普金斯大學社會學教授亞歷山大（Karl Alexander）研究得到的。亞歷山大以巴爾的摩一所公立小學六百五十名一年級生為研究對象，追蹤他們接受加州成就測驗（CAT）中數學和閱讀能力測驗的成績。表9-1就是學生的閱讀能力測驗成績。所謂的低、中、高則是指學生家庭的社經背景。

請看一年級那一欄，一年級的差異不大，社經背景最高的比最低的多了三十二分，但到了五年級，也就是四年之後，已經差了七十三分，是原來差距的兩倍以上。

表9-2

分級	一年級	二年級	三年級	四年級	五年級	總計
低	55	46	30	33	25	189
中	69	43	34	41	27	214
高	60	39	34	28	23	184

這種成就差距引起很多教育學者的注意，他們的反應主要分為兩種：一種是社經背景低的學生學習能力天生不如社經背景高的學生；換言之，社經背景高的學生也比較聰明。第二種反應則是認為，學校沒盡力幫助來自貧窮家庭的學生。學生沒學好是因為老師沒教好。根據亞歷山大的研究與分析，以上兩種解釋都不是事實。

巴爾的摩教育局不只是讓學生在學年結束之前接受加州成就測驗，在暑假結束九月開學時，還會再考一次。亞歷山大教授認為，九月的測驗結果可以讓他做進一步的分析。他衡量學生在學年開始和學年結束的兩次成績，從這個差距，就可以評估學生在該學年的進步情況。如果他比較學生六月和九月的成績，就知道學生在暑假的學習如何。因此，他可以分析學生成就的差距，究竟是在學年當中還是在暑假形成。

表9-3

分級	第一學年後	第二學年後	第三學年後	第四學年後	總計
低	-3.67	-1.70	2.74	2.89	0.26
中	-3.11	4.18	3.68	2.34	7.09
高	15.38	9.22	14.51	13.38	52.49

讓我們先看學生在學年中的表現。表9-2顯示，學生從九月開學到六月學年結束的進步成績。「總計」一欄代表，他們在小學一到五年級這五年的在校累積進步成績。

表9-2呈現的結果，和表9-1截然不同。從表9-1來看，社經背景低的學生成績表現不佳。但表9-2顯現的結果卻是，社經背景低的學生從小學一年級到五年級，在校成績進步累計為一百八十九分，而社經背景高的學生只有一百八十四分，社經背景低的學生與中等的學生只差一點，在二年級時，甚至是三組中表現最好的。

接下來，我們再來看看經過一個暑假之後，三組學生閱讀能力的成績變化（表9-3）。

你看出表9-3其中的差異了嗎？第一欄顯示的是第一學年結束，放了一個暑假之後，在第二學年開學接受測驗的結果。社經背景高的學生，在九月開學閱讀能力已進步了十五分以上，社經背景低的學生卻**退步**了將近四分。儘管窮學生在學校的表現不錯，過了一個暑假之後，就落後了。

再看表9-3最後一欄，四個暑假下來的成績累積結果，窮學生只進步了〇·二六分。因此，**窮人家的孩子在放暑假的時候，學習就停擺了**。但有錢人家孩子的閱讀能力卻突飛猛進，進步分數累積達五二·四九分。可見學生成就差距不是學校造成的，關鍵在於暑假時間的利用。

會有這樣的結果，當然和家庭教養有關。我們在探討天才的章節，曾提到馬里蘭大學社會學教授拉洛的調查研究，並比較來自不同家庭背景的兩個孩子：來自勞工家庭的凱蒂·布萊德與來自富裕家庭的艾力·威廉斯。艾力的父母對孩子的培養不遺餘力，會帶艾力去博物館、上各種暑期班、參加夏令營等。如果艾力在家無聊，還有很多書可以閱讀，他的父母也會隨時注意孩子的學習情況。過了一個暑假，艾力的閱讀能力和數學成績自然大有進步。

凱蒂·布萊德則不然。她的父母沒錢讓她去參加夏令營，媽媽也不會要她去上暑期班，如果無聊，家裡也沒有書可看，也許只能看電視。凱蒂的暑假還是過得很快樂，可以結交新朋友、在外頭玩、看電影等。但在這樣無憂無慮、自由自在的暑假過後，她的功課就比不上艾力了。艾力不見得比凱蒂聰明，只是有比較多的學習機會，暑假那幾個月還是扎扎實實地學習，但凱蒂多半在家看電視或是在外頭玩耍。

亞歷山大教授的研究結果，讓我們看到美國教育的盲點。我們不知花了多少時間討論小班化、課程重新設計、為每個學生買新電腦、增加學校經費等，以為問題出在學校的教學上。看了表9-2我們才知道，六月到九月的暑假期間才是關鍵。學校並非教學不力，而是上學的時間不夠。

為了證明這一點，亞歷山大教授做了一項簡單的課程實驗，讓巴爾的摩的學童一年到頭都到學校上課，不放暑假。結果發現，到了學年結束，窮小孩和富小孩的數學和閱讀能力，幾乎沒有差別。

我們突然恍然大悟。亞洲學童數學能力特別突出，就是因為暑假沒那麼長。東方文化認為成功之道就在於，一年三百六十日每天早起努力，因此不會讓孩子暑假一連休息三個月。在美國，每年上學的日子平均是一百八十天，南韓是二百二十天，而日本則是二百四十三天。

最近，有一項數學測驗詢問全球學生，測驗卷上的代數、微積分和幾何題目，有多少是他們已經學過的。對日本十二年級的學生，有九二%都是以前學過的。這就是一年上課二百四十三天的結果。學習是要花時間的，學習的時間不夠，當然沒辦法學到那麼多。至於美國十二年級的學生，只有五四%是學過的。對美國的窮學生來說，學習的問題是出在暑假，而不是學校本身教學不力。知識力學校就從這點下手，他們決定把亞洲稻農的精神引進美國的貧民區。

慢慢來學得更好

與芬伯格共同創辦知識力學校的李文（David Levin），描述布朗克斯校區學生一天的生活：「我們的學生必須在七點二十五分到校。從進教室到七點五十五分這三十分鐘，先上一門課，叫作思考訓練。接下來，是九十分鐘的英文課和九十分鐘的數學課。每天都是這樣。但是五年級的學生，則一天必須上兩個小時的數學課。我們每週至少有兩堂科學課、社會課和音樂課，加上一小時十五分鐘的管弦樂練習。每個學生都必須參加管弦樂團。我們從早上七點二十五分進校園，到下午五點才放學。五點後，還有自習班，有時還要留下來做公差或打球。有人甚至到七點才回家。一天下來，扣除午餐和休息時間，我們的學生在學校上課的時間，比一般公立學校的學生要多出五〇%到六〇%。」

李文站在學校川堂。現在是午餐時間，學生安靜而有秩序地穿過走廊，每個人都穿著校服。李文發現有個女學生上衣後面沒紮好，對她說：「拜託一下。」他做了個紮衣服的動作。李文又說：「我們星期六還是要上課，從早上九點上到下午一點。暑期班則從上午八點到下午兩點。」七月，知識力學校的學生還要上三個星期的暑期班。由於知識力學校的學生大都來自貧窮家庭，以往的暑假都荒廢了，因此現在必須補強。

他說：「一開始，學生很難適應。上了一天的課下來，幾乎都快坐不住了。耐力不夠是個原因，其他原因還包括學習動機、誘因與回饋、課程設計是否有趣，還有紀律問題。這些問題我們都想過，也教導學生如何撐下去以及自我控制。孩子最後都能了解我們的用意。」

李文走到一間八年級的教室，靜靜地站在後方。他們正在上數學課。一個叫亞倫的學生，在黑板前做一道思考訓練的題目。他們的老師是柯克倫（Frank Corcoran），約三十來歲，頭髮綁成馬尾。他坐在旁邊一張椅子上，偶爾站起來引導大家討論。這樣的場景在美國學校的教室處處可見，但有一點不同——就那道題目，亞倫已經做了二十分鐘，按照老師教的方法，小心翼翼地解題，同學不時給予意見或問道是否有其他解題法。這和蕾妮研究斜率的精神如出一轍。

下課時，柯克倫告訴我：「我們給學生充裕的時間思考，以免造成壓力。我發現我們的數學教育有一個問題，會的學生就是會，不會的就是不會，就像游泳。我們常常教得很快，而且總是獎勵那些最先學會的學生。落後的、學不會的就放棄了。所以學生就分為兩種：一種是數學好的，另一種則無藥可救。我想，如果時間充裕，老師就能好好解釋，學生也有時間思考、消化和複習。雖然學習腳步似乎很慢，但比較有效果。學生比較能記住課堂上學到的東西，也比較了解教材。這樣我也比較輕鬆，我們就可以好好享受遊戲的樂趣。如果學生問我問題，我就能好好回答，把教材再解釋一遍，而沒有時間壓力。」因為有充裕的時間，柯克倫老師使數學課變得有意義，學生也很清楚：有什麼樣的努力，就有什麼樣的回饋。

教室牆上貼了幾十張學生參加紐約州高中會考一級榮譽的獎狀，這些學生都是柯克倫教出來的。柯克倫說：「這班有個女生，五年級時數學很糟。每個星期六上補救學習課總是哭得唏哩嘩啦。」想到這個學生，柯克倫不禁有點激動，目光低垂。「一、兩個星期前，我收到她寄給我的電子郵件。她說，她已經上大學了，主修會計。」

瑪莉塔一天的生活

我們經常可以在勵志書籍或是好萊塢電影中看到，這類春風化雨、作育英才的故事。但知識力學校有點不同，不像書上或電影上的故事那樣高潮迭起、賺人熱淚。比一般學生多花五〇％到六〇％的時間，是怎麼樣的生活？且聽這所學校的學生現身說法。

這個學生名叫瑪莉塔，現年十二歲。她來自單親家庭，母親只有高中學歷，住在布朗克斯一間公寓。家裡很小，只有一個房間。瑪莉塔本來在離家不遠的教會學校就讀，她的母親知道知識力學校招生的消息，就要她去申請。瑪莉塔說：「四年級時，我和我的朋友唐雅一起去申請。我記得面試我的是歐文斯老師。聽她描述學校的種種，我幾乎要哭了，覺得學校好可怕，就像監獄一樣。但她也說了，如果你真的不想入學，就不用簽名。但我媽就在我旁邊，我不得不簽。」

那一刻，可說是瑪莉塔生命的轉捩點。她說：「我早上五點四十五分起床，然後刷牙、淋浴準備上學。如果來不及，就在學校吃早餐。我常被我媽罵，說我太拖拖拉拉了。我會在公車站碰到我的朋友黛安娜和史蒂芬，然後一起坐上一路公車。」

對知識力學校的學生而言，五點四十五分起床不算早，不少學生因為必須搭公車或地鐵通學，車程不短，因此必須提早出門。李文有一次來到七年級的音樂課教室，裡面有七十名學生，調查他們起床的時間。有幾個人說六點過後，但有四分之三的人說在六點以前，將近半數還沒五點半就起床了。瑪莉塔班上有個男同學叫荷西，他說如果功課還沒做完，他會在凌晨三、四點起來，做完後小睡一下再上學。

瑪莉塔繼續說：

五點放學離開學校，如果我沒去別的地方蹓躂，到家時間約是五點半左右。我跟媽媽說一聲我回來了，就去房間做功課，一做就是兩、三個小時，通常要到九點左右才能做完。如果要寫報告，那就要花更多時間，也許到十點或十點半才能完成。有時，我媽會叫我休息一下，先吃個飯。我說，我想做完功課再吃，但她還是要我先吃。一般在八點左右，她會要我吃點東西，半個小時後，我又回到書桌前面。做完功課，媽媽總要我說學校的事給她聽。由於時間已經不早，我不能說那麼多，因為我一定要在十一點前上床睡覺，不然早上會爬不起來。我整理好書包，就準備上床睡覺了。我大概講一些學校發生的事，講完通常是十一點十五分，媽媽也累得快睡著了。我和我媽睡同一個房間，一人一張床，兩個人很親。

瑪莉塔用稀鬆平常的口吻訴說她的生活，不知道自己有多不尋常。其實，她就像律師或住院醫師一樣忙碌，工作的時間一樣長。這個小朋友沒提到她的黑眼圈，而且每天都要喝一杯熱咖啡。

「有時，我太晚睡，像是十二點才睡，」她說：「第二天下午就受不了了，會在課堂上打瞌睡。但我告訴自己，一定要醒來，不然就學不到東西了。記得有一次，我上課打瞌睡，老師看到了，對我說：『下課的時候，我有話要跟你說。』老師問我為什麼打瞌睡，我說我太晚睡了。他就說：『那你得早點睡。』」

掌握命運的機會之門

瑪莉塔過的日子不像一般十二歲大的孩子。十二歲大的孩子不該有黑眼圈，也不該喝咖啡，應該要有玩的時間，也要有充足的時間睡覺、作夢。瑪莉塔有她的責任。她所面臨的選擇就像韓航機師——為了成功，必須脫離部分的身分，擺脫傳統的束縛。如果韓航機師還是服從權威，墨守成規，碰到危急事件，來不及應變，就很可能會出事。瑪莉塔的束縛在於她生長的環境。她的家庭和社區不能給她需要的，無法讓她像中上階級的孩子那樣得到栽培。為了能在知識力學校學習，她不得不放棄晚上和週末的休閒，放棄和朋友出去玩的機會，放棄原來的世界。

我們再來聽聽瑪莉塔的心聲：

五年級，我轉學到知識力學校就讀，還是常跟以前班上的一個同學見面。每個星期五，我都會去她家做功課，等我媽下班回家。她沒有回家功課，看我做功課不由得說道：「天啊，你要做好久，好辛苦喔。」她說，她也想上知識力學校，但又擔心太苦，還是算了。我說：「我們學校的每個人都是這樣，習慣了，就不覺得苦。」她說：「那是因為你聰明。」我說：「每個人都一樣聰明。」她聽說我們到五點才能放學，功課又多，就打退堂鼓了。我說，雖然學校功課很多，做多了，考試就會變得容易了。她說，算了，她不想再聽我說下去。現在，我的朋友都是知識力學校的同學了。

這樣的學習對一個孩子來說，是不是太過分了？請從瑪莉塔的觀點來想。她願意每天清晨五點四十五分起床，星期六還去學校上課，每晚做功課做到十一點，因為只有如此，像她這樣的孩子，才有機會能夠脫離貧窮。這也就是為什麼，知識力學校的學生有八四％，數學都可拿到及格以上的成績。這所學校的學生在畢業之後，有九成可以拿到獎學金，進入好的私立高中或教會學校就讀。自從立校以來，這所學校有八成以上的畢業生都可以進入大學，很多是家人當中第一個上大學的。

瑪莉塔這麼做，划不來嗎？本書的故事告訴我們：不是最聰明的人就可以成功。要是如此，克里斯．藍根就可成為第二個愛因斯坦。成功也不是靠做一些正確的決定或努力不懈就可以獲得。成功就像上帝恩賜的禮物。要成功，除了要有能力和頭腦，還要有把握機會的智慧。對加拿大曲棍球選手來說，生在一月使他們奪得先機，更有希望打進明星球隊。披頭四的機會在漢堡，而比爾．蓋茲的幸運在十三歲那年就能使用電腦。像傅榮能成為美國最偉大的律師，是因為生逢其時，而且因為父母和出身的關係，老早就成為企業購併法的第一把交椅。至於韓航得以轉敗為勝，關鍵就在於給機師脫離文化束縛的機會。

這個道理實在很簡單，只是我們往往視而不見。我們被成功的迷思誤導，以為向成功人士看齊，好好努力，就可以把自己的潛能發揮到極致。比爾・蓋茲成功的例子讓我們欣喜。看！我們的世界，讓一個在十三歲愛上電腦的孩子，長大成人之後成為最成功、最富有的企業家。事實上，在一九六八年，全世界能夠無限使用最先進的電腦分時系統的孩子，只有蓋茲一個人。如果有一百萬個孩子都有這樣的機會，今天不知要多出幾家像微軟這樣的公司。我們常常誤解了成功的故事，也沒善加利用我們的才能。如果加拿大為生於下半年的孩子，組成第二個曲棍球聯盟，或許能有**兩倍**的明星選手。如果各行各業、各個領域的人，都能有機會發揮潛能，我們的世界不知可以多出多少人才。

瑪莉塔需要的，不是設備新穎的新學校和廣大的運動場。她需要的不是筆記型電腦、小班制的班級、有博士學位的老師，或是能住更大的公寓，她也不必有更高的智商，或是像藍根那樣聰明絕頂。如果能有這些，當然也不錯。瑪莉塔最需要的其實是**機會**——一個可以脫離貧窮、出類拔萃的機會。在這個世界上，其實很少人有這樣的機會。現在，請看看在她眼前出現的機會。有人把亞洲的稻農精神引進南布朗克斯區，為她解釋勤奮可以帶來什麼樣的奇蹟。

EPILOGUE

後記　從牙買加到加拿大

一九三一年九月九日，一個名叫黛西．納森（Daisy Nation）的少婦生下一對雙胞胎女兒。她和丈夫唐納德（Donald Nation）都是海爾伍德村（Harewood）的小學老師。海爾伍德是個小村子，在牙買加中部的聖凱瑟琳教區（Saint Catherine）。這對夫婦為雙胞胎女兒取名，一個叫菲絲，另一個叫喬伊絲。唐納德得知老婆生下雙胞胎，雙腿一軟，跪倒在地，請求上帝讓這對姊妹花好好長大。

納森一家住在海爾伍德村聖公會教堂旁邊的小木屋，隔壁就是學校，原來是個長方形的穀倉。學校裡的學生有時多達三百個，有時則不到二十個。學童大聲朗讀課文或背誦九九乘法表，在石板上練習寫字。要是天氣好，他們也會出來外頭，在芒果樹下上課。學生如果吵鬧不聽話，唐納德就會揮舞著鞭子，從教室一頭走到另一頭，學生一看便急急忙忙回到座位上乖乖坐好。

唐納德是個很有威嚴的老師，嚴肅、寡言，嗜書如命，藏書頗豐，包括詩集、哲學和毛姆（Somerset Maugham）的小說等。他每天都把報紙從頭到尾細讀一遍，注意世界大事的進展。晚上，他的好友也就是聖公會牧師海伊（Archdeacon Hay），會從山的另一頭過來，和他一起坐在陽台上，談論國家大事。黛西貌美如花，娘家在聖伊莉莎白（Saint Elizabeth）教區，姓福德，父親經營一家小雜貨店，家裡共有三姊妹。

納森家的雙胞胎姊妹花十一歲那年，得到北部一所叫聖希爾達（Saint Hilda）寄宿學校的獎學金。這是所聖公會私校，歷史悠久，學生都是英國神職人員、地主或官員家的千金小姐。這對姊妹從聖希爾達畢業後，就到倫敦大學學院（University College）深造。抵達倫敦不久，有一天喬伊絲去參加一個朋友的二十一歲生日派對。那人是個叫葛拉翰（Graham Gladwell）的英國數學家，稱得上是青年才俊。葛拉翰在派對上為大家背誦了一首詩，但忘了幾句。喬伊絲見狀，覺得很尷尬。其實，她根本和他不熟，沒有必要不好意思。不久，喬伊絲和葛拉翰即墜入情網，結成連理，婚後到加拿大定居。葛拉翰是數學教授，喬伊絲不但是婚姻輔導專家、家庭治療師，也是暢銷作家，兩人育有三子，住在山上一棟漂亮的別墅。葛拉翰的姓氏是葛拉威爾，他就是我父親，而喬伊絲．葛拉威爾正是我的母親。

遠離牙買加

這就是我母親成功的故事——但這樣的描述並沒有反映出真相。當然，我也沒有說謊或捏造事實。然而這就像我講述比爾．蓋茲的故事，卻沒提到他在湖濱中學學習電腦的經過；或探討亞洲孩子的數學能力，卻沒追本溯源，了解他們的祖先在稻田辛勤耕耘的影響。就我母親的故事，前文的那個版本，沒提到她在人生中碰到的機會和文化遺澤。

例如，在一九三五年，我母親和她的雙胞胎姊姊四歲那年，有個名叫麥米倫（William M. MacMillan）的歷史學家來到牙買加。他是南非約翰尼斯堡威特沃斯蘭德大學（University of Witwatersrand）的教授。麥米倫是走在時代尖端的人，他對南非黑人的社會問題非常關切，於是來到加勒比海地區，印證他的理論並倡導他的思想。

麥米倫最關心的一點就是牙買加的教育問題。像我祖父母家旁邊那所穀倉充當的學校，就是牙買加的「國民教育」了，這樣的教育只提供到孩子十四歲那年。牙買加沒有公立中學，也沒有大學。希望升學的孩子，一般從十一、二歲開始就私底下跟老師上課，如果運氣不錯，或許可以進教育學院，將來也可以當老師。有志深造的，則先進私立中學，然後再申請到美國或英國的大學就讀。

但私立學校的學費貴得令人咋舌，只有權貴子弟讀得起，獎學金名額極少，猶如鳳毛麟角。麥米倫後來寫了一本《來自西印度群島的警告》（*Warning from the West Indies*），猛烈批判英國殖民地政策。他論道：「牙買加中學就出現窄門，清寒人家的子弟在小學畢業之後，根本不得其門而入。這樣的教育制度，目的就在拉大社會階級的差距。」他強調，如果牙買加政府不給人民機會，將來一定會爆發動亂。

就在麥米倫的書出版一年後，加勒比海地區果然出現暴動，社會動盪不安，千里達有十四個人被殺死，五十九人受傷；巴貝多有十四人喪命，四十七人受傷，而在牙買加，一連串的罷工和暴力事件，使得整個國家癱瘓，政府宣告進入緊急戒嚴狀態。這時，英國政府在恐慌之下，才採用麥米倫的處方，在牙買加進行教育改革，並提供獎學金，讓牙買加每個有志升學、學業優異的孩子，可以進入私立中學就讀。這個獎學金制度從一九四一年開始推動，第二年我母親和她的雙胞胎姊姊就參加獎學金考試。這真是幸運之神的眷顧，如果她們早生個三、四年，就沒有這樣的升學機會。除了生逢其時，要不是一九三七年那場動亂和麥米倫，我母親恐怕一輩子都無法出人頭地。

我對我外婆黛西．納森的描述也過於隨便、膚淺。她不只是「貌美如花」，而且是意志力堅強的女人。我母親能和她的雙胞胎姊姊去聖希爾達私立學校念書，完全是她的功勞。我外公一天到晚埋首書堆，也許他很有學問，也很有威嚴，但愛好空想，不是腳踏實地的人。即使他希望他的女兒可以有所成就，也沒有遠見和氣力來栽培她們。但我外婆可不是這樣。聖希爾達是她的夢想——當地有錢人家都把女兒送去那兒就讀，因為聖希爾達是一所好學校。她知道好學校能給她女兒什麼。她的女兒平日不和村裡其他孩子一同玩耍。為了進中學，她們努力學習拉丁文和代數，外婆還請海伊牧師來當她們的家教。

我母親回憶說：「如果你問外婆，她對自己的孩子有何期望，她會告訴你，她希望我們能夠離開牙買加。她認為我們要是留在牙買加，這輩子就沒什麼指望了。如果有機會離開，一定要好好把握住。她認為人生有無限可能，希望我們挑戰極限。」

獎學金考試放榜，結果只有我阿姨考上，我母親落榜了。這也是我的家族小傳最初版本遺漏的。我母親還記得，在開學之初，我外公、外婆兩人站在門口說悄悄話：「我們沒有錢了。」他們為我母親付了一學期的學費，也買了制服給她，已耗盡所有的積蓄。第二個學期的學費要怎麼辦？讓我母親輟學嗎？他們辦不到。外婆決定走一步算一步，讓我母親和她姊姊一起就學，接下來就只能向上帝禱告了。到了第一學期結束時，出現了奇蹟——有個女孩拿到兩份獎學金，必須讓出一份。於是我母親也得到了獎學金。

到了上大學時，我阿姨又拿到了牙買加的「百年紀念獎學金」，得到出國留學的機會。這是紀念牙買加廢除奴隸制度一百週年設立的獎學金，每年全牙買加只有一名學生可以獲此殊榮，而且規定男、女生輪流得獎，如果這一年的名額給了男生，下一年才能輪到女生。我阿姨申請獎學金那年剛好輪到女生。她很幸運得到了這份獎學金，金額相當於我外公教書一年的薪水。如果我母親也要去英國留學，就必須自行負擔學費和食宿費。在那個年代，牙買加沒有學生貸款，我外公、外婆也無法以教師的身分申請信用貸款。我母親說：「我一提起出國留學的事，爺爺就說，算了吧，我們沒有錢了。」

外婆怎麼辦呢？她去附近的城鎮找一個中國老闆借錢，姑且名之為「機會先生」。打從十九世紀開始，就有許多中國人來牙買加發展，他們很會做生意。在牙買加，幾乎每家商店都是中國人開的。雖然沒有人知道，我外婆到底向「機會先生」借了多少錢，但肯定是一筆巨款。這個中國人為什麼願意把錢借給我外婆呢？因為她是黛西．納森，信用一向很好，而且「機會先生」家的孩子是她的學生。在牙買加學校，中國小孩都會受到排擠和嘲諷。還有人說：「中國人吃狗肉。」但黛西對中國小孩很好，猶如這個冷酷之島的綠洲，讓那些孩子有如沐春風之感。也許因為這個緣故，「機會先生」願意借錢給她。

我母親回憶說：「你外婆曾告訴我她怎麼做嗎？我根本沒問她。我申請了學校，也得到入學許可。我在申請學校的時候，根本沒想那麼多。我相信只要學校願意收我，她一定可以讓我去讀。」

因此，我的母親喬伊絲．葛拉威爾能上大學，要感謝她生命中的幾個貴人：首先是麥米倫教授，然後是聖希爾達那個讓出獎學金的學生，以及「機會先生」。當然，最重要的人還是她的母親——黛西．納森。

混血人種脫離奴隸階級

我外婆黛西．納森的老家在牙買加的西北角。她的曾祖父是來自愛爾蘭的移民威廉・福德（William Ford）。威爾・福德在一七八四年踏上牙買加，買了一塊地種咖啡豆。有一天，他在牙買加南部海岸一個叫作鱷魚池漁村的奴隸市場，看上了一個女奴，納她為妾。她是東非的伊博族人。不久，他們的長子誕生了，名叫約翰，是個混血兒。自此，福德家的子子孫孫都屬於混血階級。

同一時期，在美國南部，恐怕看不到白人地主與黑人女奴共組家庭。美國雖然是個種族大熔爐，卻不願正視種族融合的事實。過去的美國社會非但容不下黑人與白人的性關係，很多州甚至有反種族通婚法，直到一九六七年，高等法院才全面廢除這樣的法律條文。在十九世紀，白人地主如果與黑人女奴結婚，必然不容於社會，他們的後代也將被視為奴隸。

但牙買加對混血兒的態度則迥然不同。在那個年代，加勒比海地區無異於一個巨大的黑奴屯墾區。黑人的人數是白人的十倍以上。由於島上幾乎沒有幾個白人小姐，白人男性只能和黑人女性或混血女人在一起。據說，牙買加有個來自英國的白人地主，在日記裡巨細靡遺地記錄和他發生性關係的女人。他在牙買加三十七年，一共睡過一百三十八個女人，大多數都是黑奴，當然不是每一個都是心甘情願跟他上床的。在白人眼裡，他們生下的那些混血兒，正好可以作為自己和島上黑人的中間人，使彼此的關係獲得緩衝。島上的混血女人地位比黑人女性要高，而她們的孩子由於膚色更白，更是容易上一層樓，取得更好的社會或經濟地位。混血兒很少下田或在咖啡園裡幹活，可以在屋子裡工作，免得日曬雨淋。他們也是最先得到解放的一群。很多白人地主在死後，留下大筆遺產給他們的混血女人，牙買加政府因而曾經下令，對兩千英鎊以上的遺產課徵遺產稅（那個年代的兩千英鎊可是一筆天文數字）。

十八世紀一位社會觀察家論道：「歐洲人在西印度群島落腳，過了一段時間，就覺得有必要找個管家或女人。他有不少選擇，黑人、黃褐皮膚的、混血兒，或是膚色偏白的梅蒂斯混血種，只要一百或一百五十英鎊，就能買到一個……如果那個女人幫他生了孩子，那孩子就是自由人，不必當奴隸了，才三、四歲，富有的白人父親就把他們送回英國受教育。」

我外婆黛西的曾祖父約翰，就是在這樣的世界出生的。他的母親還是奴隸船運來的非洲女奴，到了約翰這一代，已經鹹魚翻身，不但獲得自由，還有受教育的機會。約翰娶了另一個混血女人，她是歐洲白人和牙買加印第安土著阿拉瓦克族（Arawak）的後代。他們生了七個孩子。

牙買加社會學家帕德生（Orlando Patterson）論道：「這些混血人種有不錯的社會地位。到了一八二六年，已有基本的民權自由，就像牙買加的猶太人，享有完全的言論和行動自由。他們有投票權，享有的權利和任何一個白人都一樣。但當時的牙買加還是一個奴隸社會。」

「很多混血人種都以技工為業。別忘了，牙買加有很多甘蔗園，在牙買加種甘蔗和在美國南部種棉花截然不同。棉花是單純的農作，採收之後，幾乎都送到英國蘭開夏或美國北部的工廠精製成紡織品。至於蔗糖的生產則複雜得多，不只是農業，也是工業。由於甘蔗在採收後的幾個小時內，糖分就會開始流失，所以必須在甘蔗園裡設廠盡快榨糖。糖廠需要各種技工——修補工、鍋爐工、木匠等。這些工人多半是混血人種。」

牙買加的英國士紳和他們在美國的同胞大不同，他們對當地的建設和發展沒多大興趣，只想賺錢，賺夠了就回英國。他們不想在這個對外人沒有好感的異鄉待一輩子，建造新社會的責任或機會，於是落到了混血人種的頭上。

帕德生又說：「到了一八五〇年，牙買加首都京斯敦的市長已是黑白混血人種，牙買加大報《拾穗者日報》（*Daily Gleaner*）的創辦人也是。這些混血人種逐漸晉身專業

表10-1　1950年代牙買加律師和國會議員的膚色分類及人數比例

人種	律師（比例）	國會議員（比例）
中國人	3.1	
東印度人	—	
猶太人	7.1	
敘利亞人	—	
白種人／淡膚色人種	38.8	10
橄欖棕人種	10.2	13
淺棕人種	17.3	19
深棕人種	10.2	39
黑色人種	5.1	10
未知	8.2	

人士。來自歐洲的白人喜歡做生意、經營咖啡園或甘蔗園。當醫生、律師的則都是這些混血人種。當校長、老師、從事教育事業的，也是他們。京斯敦主教就是典型的混血人種。」雖然他們不是牙買加的經濟砥柱，卻是文化菁英。

表10-1就是一九五〇年代初期牙買加的兩大專業人士——律師和國會議員，他們的膚色分類及人數比例。「白／淡」指的是膚色白皙的白種人或具有一點黑人血統，但已不明顯，不容易看出來。「橄欖棕」則比「淡膚色」要再深一點，然後是「淺棕色」（其實除了牙買加人，我們很難分辨橄欖棕和淺棕色的差別）。我們可別忘了，在一九五〇年代，黑人占牙買加所有人口的八

○%，約是黑白混血人種的五倍。

混血人種在牙買加雖是少數，但因為膚色偏淡而得到很大的優勢。如果你的祖先是混血人種，就不必下田勞動，可以在屋裡工作。到了一八二六年還享有公民權，不再是奴隸階級。經過兩、三代之後，子孫在社會上的成就與地位更大不相同。

因此，我外婆黛西對我母親和阿姨的期許，不是憑空出現的，她本身已享有文化的遺澤與優勢。她的哥哥拉福斯後來當上老師，也是有學問的人。她弟弟卡洛斯曾去古巴發展，回牙買加之後，開了家成衣廠。至於她父親查爾斯·福德是農產品批發商，她母親安妮也是出身書香門第，娘家姓鮑爾，再過兩代，還出了個美國國務卿科林·鮑爾（Colin Powell）。她的舅舅亨利是地主，而她的祖父約翰，也就是威廉·福德和非洲女奴生的孩子，長大成人之後成了傳教士。福德家族的人至少有三人拿到了羅德獎學金，得以前往英國牛津大學深造。如果我母親能夠成功，要感謝麥米倫教授、一九三七年的暴民、「機會先生」，以及她的母親黛西；而黛西之所以會是那樣的人，則是因為她的兄弟拉福斯與卡洛斯、她的父母查爾斯與安妮，還有她的祖父約翰。

你我都是歷史、文化遺澤的產物

我外婆黛西真是個了不起的女人。然而，如果我的曾曾曾祖父威廉．福德，沒在鱷魚池的奴隸市場挑中我的曾曾曾祖母，把她買下，也就沒有我的外婆黛西。

沒被挑中的奴隸，這輩子就只能當苦命人，沒有翻身的機會。地主視他們為財產，壓榨他們的勞力，直到他們老死，沒有任何利用價值為止。到時候，地主就到市場再挑一批年輕力壯的。他們一方面把奴隸視為財產，另一方面也很疼愛女奴為他們生下的孩子。這兩種作法完全不衝突。例如，白人地主威廉．西索伍德（William Thistlewood）雖然喜歡尋芳獵豔，還把每一個和他上床的女人編入芳名錄，終其一生還是很愛一個名叫菲芭的女奴，菲芭也為他生了個兒子。但他對在田裡為他工作的奴隸非常殘暴，就像惡魔。如有奴隸企圖逃跑，被抓回來之後，西索伍德就以「醃人肉」的酷刑侍候。那個逃跑不成的奴隸將被打個半死，再用鹽巴、檸檬汁和辣椒塗在他的傷口上，還把大便強塞進他的嘴裡，再把嘴巴封起來。就這樣好生折磨個四、五個小時。

難怪膚色沒那麼黑的牙買加人，如此崇尚較為白皙的膚色，因為這就是他們最大的優勢。他們會仔細端詳彼此的皮膚，對膚色和白人一樣有著無可救藥的偏見。牙買加社會學家亨瑞克斯（Fernando Henriques）說：「即使是同一個家庭的小孩，膚色也有深淺之分。膚色最淺的那個孩子總是最受寵愛。從那個孩子步入青春期，到結婚以前，如果有朋友來訪，家裡膚色深的那些孩子就必須躲起來。膚色淺的那個孩子就是這個家成功的希望，如果結婚對象的膚色更白，那就能更進一步出人頭地了。膚色較白的那個孩子，可能和所有深膚色的親戚切斷關係，不再來往……黑人家族膚色黝黑者，總會鼓勵比較白的親戚冒充白人。這種家族成員之間的關係和作法，使得本地的膚色歧視更加根深柢固。」

就連我的家族也不能免除這種偏見。我外婆黛西提到外公膚色比她要來得淺，就洋洋得意，表示她嫁得好，嫁對人了。但她的婆婆也說了：「沒錯，黛西是很漂亮，可惜太黑了。」

我母親有個親戚（姑且叫她瓊恩姑姑），因為膚色白皙，可說是在社會地位圖騰柱頂端的人物。但她的丈夫膚色黝黑，頭髮平直漆黑，生下的女兒也都和父親一樣黑。在她丈夫死後，有一天她搭火車要去看女兒，在車廂裡看到一個膚色很淺的男人，對他頗有意思。多年後，瓊恩姑姑跟我媽提起這件事，心中還滿懷羞愧。她說，她下了火車，竟然對她的親生骨肉視若無睹，直接從女兒身邊走過，把她當作陌生人，因為她不想讓那個男人看到她生了個這麼黑的女兒。

我母親在一九六〇年代寫了一本書，談到她的黑白經驗，書名就叫《棕臉的人與偉大的主人》（*Brown Face, Big Master*）。「棕臉的人」指的是她自己，而「偉大的主人」在牙買加方言是指上帝。她在書中描述她和我父親婚後住在倫敦，我哥哥已經出生了，但那時他還只是個小寶寶。他們想搬家，於是在倫敦市郊尋尋覓覓，好不容易才找到一間合適的公寓。沒想到搬進去的那天，就被房東太太趕了出來。她氣急敗壞地告訴我父親：「你沒告訴我，你老婆是牙買加人！」

我母親在她的書中描述這種揮之不去的恥辱感。因為信仰，她才能撫平這種傷痛的經驗。最後，她不得不承認，憤怒不是解決辦法，儘管她是牙買加混血人種，不是白人，但她的家族已得到種族階級的優勢，勝過絕大多數的黑人家族。她既然曾因膚色而獲得好處，就不能譴責別人，說他們對膚色有偏見：

> 我不斷向上帝抱怨：「請看看我，我們這些黑人子民力爭上游，爭取自由，以便和白人平起平坐，而我們卻傷痕累累！」上帝莞爾一笑，顯然祂不認同我說的。我又繼續向祂發牢騷。這時，上帝說了：「你們還不是一

樣？儘管你們一樣是黑人，還是瞧不起那些膚色最黑的，並和他們劃清界線。你們不是為了自己膚色較淺而沾沾自喜，慶幸自己不是黑如木炭的黑人嗎？」我對那房東太太的憤怒和仇恨慢慢消除了。看來，我們可說是半斤八兩……我們一樣驕傲、自大，而且有要不得的分別心，十分排斥非我族類。

對自己的出身毫無隱諱其實並不容易。你看看傅榮，可以稱他為美國最偉大的律師，然而他的個人成就還是與他的種族、世代、那個年代的成衣產業，以及紐約法律事務所的偏見脫不了關係。如果你稱讚比爾·蓋茲是天才，他會說謝謝，就這樣。要他承認他是因為幸運才有今天，不免讓人尷尬。然而事實是，如果在一九六八年他就讀的湖濱中學家長會，沒能提供他電腦，他就沒有今天的成就。對加拿大職業曲棍球好手、比爾·喬伊，或歐本海默等出類拔萃的人來說，恐怕很難說出這樣的話：「我能有今天，完全是靠我自己的努力。」大律師、數學天才和電腦大亨這些人似乎都非比尋常，是我們這個社會的「異數」，但他們也是歷史、社群、機運與文化遺澤的產物。他們的成功其實沒有什麼特別或神祕之處，是優勢和文化的網絡形成的。有些優勢是他們努力得到的回饋，有些則純粹是因為運氣好。他們之所以成為那樣成功的人，這些都是關鍵。如果我們仔細看看社會上這些出類拔萃的異數，會發現他們背後有著深厚的社會與文化繫絆，這是無法切割的。

我的曾曾曾祖母，是我曾曾曾祖父在牙買加南部鱷魚池的奴隸市場買來的。因為這樁買賣，我的曾曾曾祖母，才生下我的高曾祖父約翰．福德，而約翰．福德因為是混血兒，膚色較淺，得以脫離奴隸階級，成為自由人。我的外婆黛西．福德，因為西印度群島的特殊社會結構，具有特別的文化優勢，並把這樣的優勢傳給她的女兒。而我母親能夠接受高等教育，則歸功於一九三七年的島民暴動、麥米倫教授和「機會先生」。這些都是歷史賜給我的家族的。如果其他人也像我們，能得到這樣的資源、機會、文化遺澤與膚色帶來的優勢，或許現在也能住在山上的豪華別墅，過著幸福快樂的生活。

葛拉威爾作品集 9

異數：超凡與平凡的界線在哪裡？（暢銷慶功版）

作　　者—麥爾坎・葛拉威爾（Malcolm Gladwell）
譯　　者—廖月娟
主　　編—陳家仁
編　　輯—黃凱怡
企劃編輯—藍秋惠
封面設計—陳恩安

總 編 輯—胡金倫
董 事 長—趙政岷
出 版 者—時報文化出版企業股份有限公司
108019 台北市和平西路三段 240 號 4 樓
發行專線—（02）2306-6842
讀者服務專線— 0800-231-705、（02）2304-7103
讀者服務傳真—（02）2302-7844
郵撥— 19344724 時報文化出版公司
信箱— 10899 臺北華江橋郵局第 99 信箱
時報悅讀網— http://www.readingtimes.com.tw
法律顧問—理律法律事務所 陳長文律師、李念祖律師
印　　刷—勁達印刷有限公司
四版一刷— 2020 年 8 月 7 日
四版十二刷— 2024 年 8 月 16 日
定　　價—新台幣 380 元
（缺頁或破損的書，請寄回更換）

時報文化出版公司成立於一九七五年，
並於一九九九年股票上櫃公開發行，於二〇〇八年脫離中時集團非屬旺中，
以「尊重智慧與創意的文化事業」為信念。

ISBN 978-957-13-8289-0
Printed in Taiwan

異數：超凡與平凡的界線在哪裡? / 麥爾坎.葛拉威爾(Malcolm Gladwell)著；廖月娟譯. -- 四版. -- 臺北市：時報文化, 2020.08
320面；14.8x21公分. -- (葛拉威爾作品集；9)
譯自：Outliers : the story of success
ISBN 978-957-13-8289-0(平裝)

1.成功法

177.2　　109009702